婦国論

消費の国の女たち

伊藤忠ファッションシステム株式会社
小原直花

弘文堂

婦国論——消費の国の女たち——

装幀　寄藤文平・鈴木千佳子
イラスト　寄藤牧子

はじめに

ここへきて、ようやく男性消費が戻ってきていると言われつつも、やはり男性に比べ女性の方が元気が良い。昔から、女性の方が背負うものが少なく制約も少ないため何事においてもお気楽度が高く、自由奔放と思われているからだろう。しかし、それだけだろうか。

１９８６年、男女雇用機会均等法が施行され社会的位置づけも男性と同等であることが公的に認められる。これが追い風となって、「女性が企画する商品」が売りになったのはバブル景気真っ只中の頃、ますます元気な女性たちが生み出されていった。

女性にとって主役は常に自分である。○○を身につけた自分、□□を使っている自分など、自分を一番に意識して商品を見てしまう傾向がある。それだけに、モノをシビアにとらえる感覚を持っている。その点、男性はモノそのものを愛で、特定のモノを所有しているだけで満足感が得られる生き物。その分、客観性に欠け、内に深く入り込む傾向が強い（それは生物学的にどうにもならない違いかもしれないが）。結果、企業に所属していても、ある意味女性の方が生活者視点でモノ・コトを考える発想力を持っていると言えるだろう。

バブル景気崩壊後、さらにその男女の違いがクローズアップされると同時に、女性の消費領域で男性が追従する図式ができ上がりつつある。従来までの男性の役割意識が希薄になった分、全体に女性化していると も言われているが、消費分野においてもその傾向は顕著。美容に目覚める男性が増えている現象はその最たるものと言えるだろう。また、家計における財布の紐は相変わらず女性が握っている率が高い。前述したように、生活に根ざしてモノ・コトを選択する力は女性の方が上回っている分、消費決定の持ち札も多いのだ。

つまり、日本における消費傾向は、男性よりもまずは女性を見ることが重要だと言えるだろう。

この本があえて女性にフォーカスしている所以である。

今や女性向けファッション誌は120誌（「Kunel」などのライフスタイル誌は除く）。そのうちの約10誌あまりが毎年廃刊されては、また創

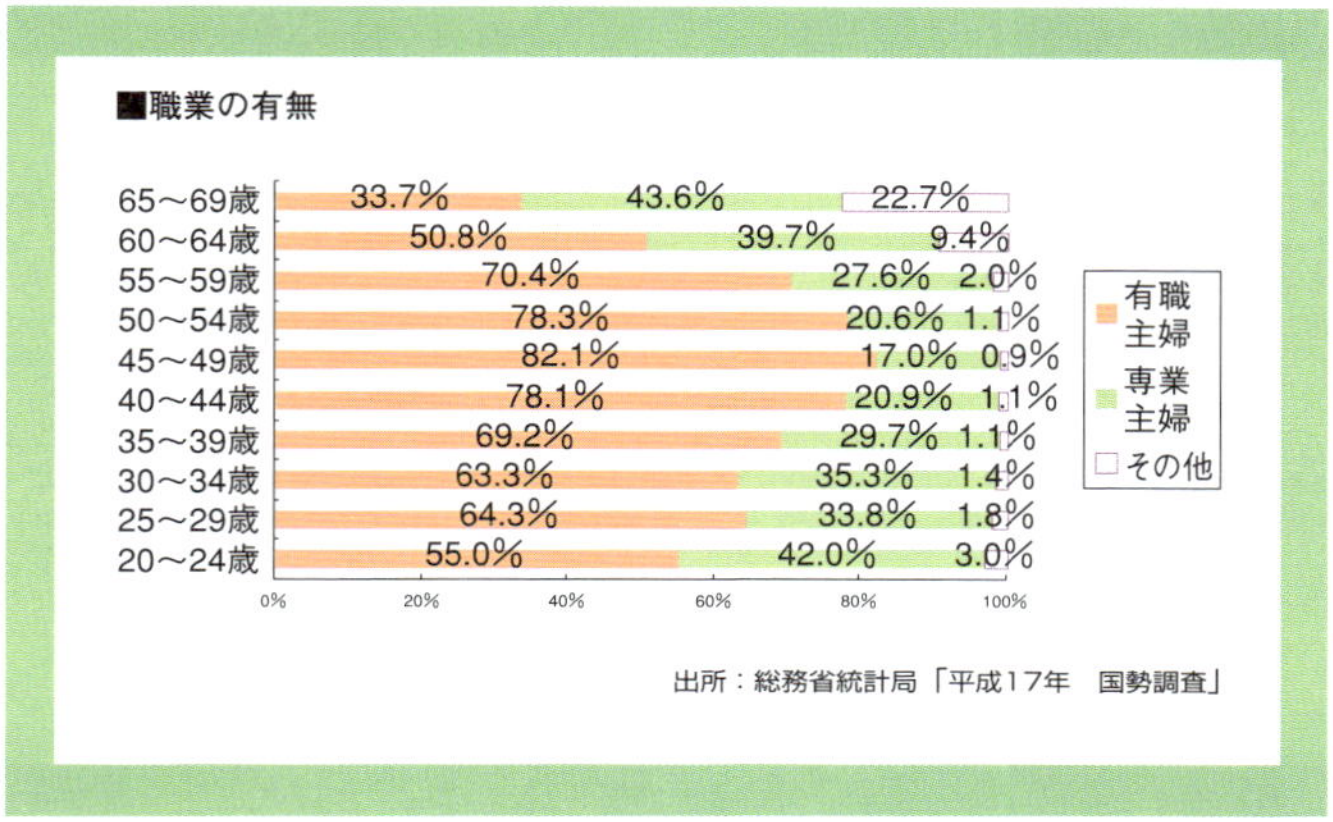

刊されている、そんな現状から、女性のタイプが細分化していると同時に、とらえにくくなっていることがうかがえる。また、年齢とライフステージがリンクしないのも現代の世相。つまり、早婚・晩婚・高齢出産、専業主婦・正社員・派遣・パートタイマーなど、ライフステージ変化のタイミングも就業形態もばらばらに入り混じり、人生設計も人それぞれ、平均的モデル像はもう描けなくなっているのである。

だからといって、「多様化」と一言で片付けるわけにはいかない。モノ・コト・サービスを提供する側にとっては、なんらかのガイドラインが必要である。本書では、そのガイドラインを提示することを念頭においている。

まず第1章では、今の日本の生活者を大きく二分する意識面の境目について明らかにした。簡単に言ってしまえば、平成バブル景気の時期にすでに就職していたか、否かである。前者をプレバブル世代、後者をポストバブル世代と名づけ分析を行った。「頑張ったら頑張った分だけ報われる。だから、前向きに頑張ろう」という価値観のプレバブル世代と、「どうせ頑張っても報われない。ならば、今を楽しく生きよう」というポストバブル世代の価値観に分かれ、消費態度にもその違いがあらわれている。その差を把握しておくことは今後のマーケットを考える上で必要不可欠。特に企画者側と購買者側の価値観がそれぞれ違っている場合、訴求ポイントが全くズレてしまう可能性が高いという点を読み取っていただきたい。

続く第2章では、育った環境や時代といった時間軸で生まれる価値観の差異を細分化・深掘りした世代論を提示する。弊社、伊藤忠ファッションシステム株式会社では、マーケットの実態を把握するため生活者のライフスタイルや消費実態調査を長年にわたって行ってきた。自分史調査（これまで育ってきた環境、社会、衣・食・住・遊・知についての詳細、さらに自分が影響を受けた事柄を記述してもらう）や、おしかけデプス調査（実際に調査対象者のお宅に訪問し、ライフスタイルや嗜好性を直に見せてもらう）、ビジュアルアンケート調査（アンケートに写真を貼り込み、コメントをつけてもらうもの）を実施するなど、定性面を徹底重視した分析になっている。

そこから見えてきた共通体験を通して、生活者を分類したものが世代論である。本書では、特にファッションにおける共通体験にフォーカスしたのが特徴であり、上からキネマ世代、団塊世代、ＤＣ洗礼世代、ハナコ世代、ばなな世代、団塊ジュニア世代、プリクラ世代、ハナコジユニア世代の８つに分類している。

もちろん、両親や兄弟の年齢、家族関係などさまざまな影響を受けて人の価値観は形成されているため、この世代論だけでマーケットを区分するのは危険かもしれない。しかし生活者を見る視点としてひとつのモノサシになることは間違いなく、ことファッションやカルチャー、情報感度に対する特性において世代論は有効に働く切り口になると考えている。

また第3章では、８つの世代特性を踏まえ、消費分野における留意ポイントを整理、最後の第4章では、世代とは別に生活者のクラスター分析について触れている。現代は、高度経済成長期のように生活者全体が一方向を向いて歩む時代ではないことも事実。他人との距離感をどう持つか、自己表現をどのようにしていくか、消費の比重はどこにするかといった暮らし方、つまり生活価値観が世代を超えて枝分かれしてきているとも言える。このクラスター分析は、現代を生きる女性たちをターゲットに商品・サービスを開発する際など、世代論の特性と掛け合わせて考慮すべき切り口としてとらえていただきたい。

あなたは何年生まれですか？

多感だった20歳の頃、どんなファッションが流行り、どんなスタイルを好んでいたでしょうか？

インターネットとの出会いは何歳ですか？

就職はバブル景気前？　それともバブル景気が崩壊し、就職難に遭遇してしまった方でしょうか？


まずは自分を客観的にとらえるところから、生活者を見る視点を磨いていただければ幸いである。

目次

目次

第1章

プレバブル世代
VS
ポストバブル世代

天下分け目のバブル景気崩壊

生活者の価値観は大きく二分している

１９９１年のバブル景気崩壊の前後で、生活者の価値観は大きく２つに分けられる。実際、バブル景気を知らない世代（現在34歳前後以下）が市場に参入して以来、その価値観の違いから世代間格差を感じる場面が多々見られるようになっている。また、バブル景気崩壊による社会構造の変化や就職難と同時に、インターネットやケータイなどの情報通信機器の加速度的な普及があいまって、異なる価値観の形成に拍車をかけたとも言えそうだ。

ｉｆｓ（＝伊藤忠ファッションシステム株式会社、以下同）では、バブル景気崩壊前に就職した人たちをプレバブル世代。崩壊後に学校を卒業、就職した人たちをポストバブル世代と命名している。プレバブル世代の

■求人総数・民間企業就職希望者数・大卒求人倍率の推移

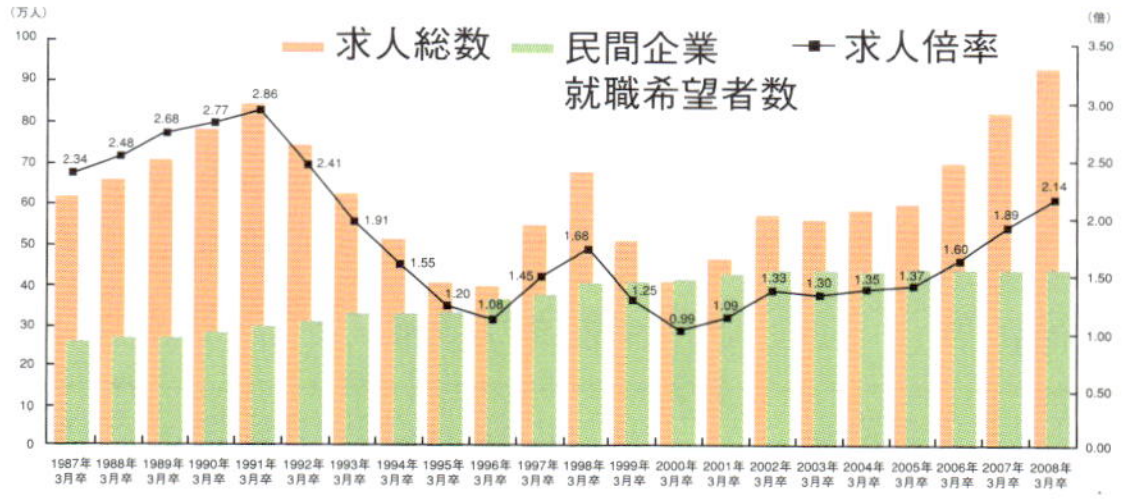

出所：第24回　ワークス大卒求人倍率調査（2008年卒）（リクルート）

※『求人倍率』とは、民間企業への就職を希望する学生ひとりに対する、企業の求人状況を算出したもの。
求人倍率＝求人総数÷民間企業就職希望者数

ベースには、「頑張ったら頑張った分だけ報われる」という価値観が、一方、ポストバブル世代には、「どんなに頑張っても報われない」という価値観がベースにあると考えている。

この2つの価値観の違いは、ifsの8つの世代別特徴の背景にあって、生活意識や消費志向に多大な影響を及ぼしていることは明らかだ。

ホイチョイプロダクションの2007年公開映画「バブルへGO!!―タイムマシンはドラム式―」を観て、「思い出すのも恐ろしいけど、こんな時代だったよね。今から思えばどこか変だったけど、皆元気だったなー」と懐かしく思うプレバブル世代と、「何これ？　話には聞いてたけど……、ありえないでしょ。何であんなに頑張っちゃってるの？」と思うポストバブル世代とでは、内容・ビジュアルのとらえ方が自ずと異なるというわけだ。

ただ、今後社会人になろうとしているハナコジュニア世代以降の若者たちに関しては、就職期に再び売り手市場（※）になり、就業形態についての見直しなどが社会的に問われている環境の変化などから、ポストバブル世代とはまた違う価値観を形成する可能性が高いと言えよう。

（※）リクルートは、2008年春に大学・大学院を卒業する学生の求人倍率は推計で2・14倍と発表。

平均所得推移×
（プレバブル世代・ポストバブル世代の）目線

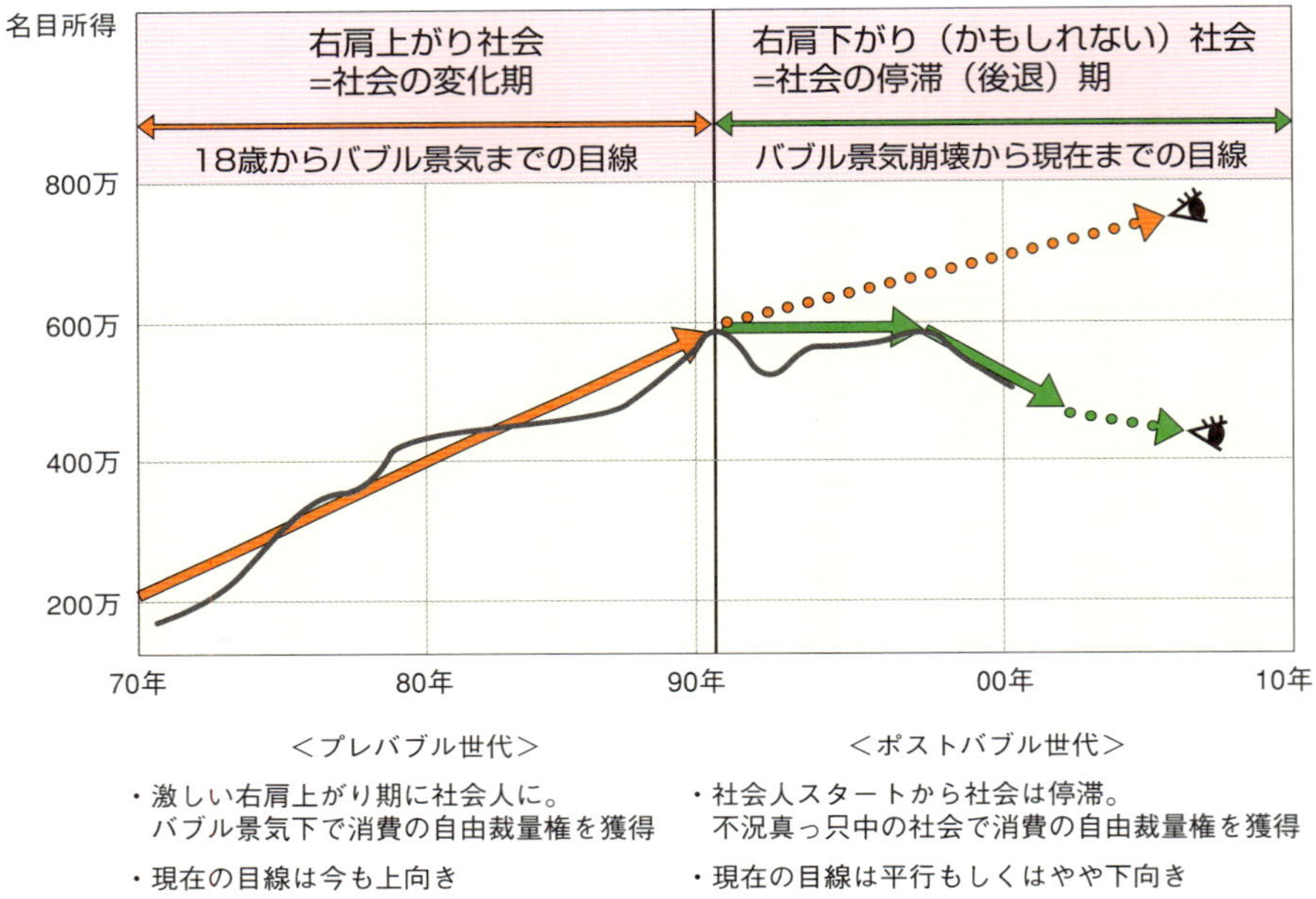

グレーの折れ線グラフは平均所得、
オレンジ（プレバブル世代）と、グリーン（ポストバブル世代）の線は、
各世代の平均所得の推移と、
今後の経済状況を思い描く目線（点線）になっている。
高度経済成長期からバブル景気崩壊前までは平均所得が年々上がっていたが、
バブル景気崩壊後は、横ばいもしくは今より所得が下がる
かもしれない時代であることを示している。

基本的マインドをバブル期に刷り込まれたプレバブル世代の目線はいまだ上向き。

「プレバブル世代」とは

戦後生まれ世代でかつ１９９１年に高校を卒業していた、１９４５年~１９７３年生まれの人たち。現在、35才~63才で、世代で言えば団塊世代から団塊ジュニア世代の前半にあたる。この世代では、18歳で高校を卒業してから91年にいたるまで、年々所得が上がっていた。

16頁のグラフでも分るように、プレバブル世代（オレンジ）では、就職時期からバブル景気崩壊まで、順当に所得が上がっている。年齢とともに所得は上がり、生活水準も上へと向かうことが当たり前だと思う感覚はここからきているのだ。つまり、91年以降の不況下にあっても、現実の経済下降状況があまり実感できずに、目線は未だ右肩上がりの人が多いのは、基本的マインドが経済右肩上がり時代に刷り込まれているからに他ならない。

「ポストバブル世代」とは

１９９１年に高校を卒業していない世代。つまり、１９７４年以降生

バブル崩壊後に社会に出たポストバブル世代。その目線は現実を受け入れた右下がり。

まれの人たち。現在34才以下で、団塊ジュニア世代後半とプリクラ世代にあたる。16頁のグラフでも分かるように、団塊ジュニア世代の場合は景気の横ばいの時期を経験しているが、プリクラ世代は右下がりしか経験していない世代である。毎年同じように働いたとしても、あるいは、ちょっと頑張ったとしても、年々所得が減ってしまう時代に生きていることになる。社会に出る頃にはすでにバブル景気が崩壊、就職難に遭い、正社員のハードルは高く、契約社員や人材派遣という不安定な就業形態を選択せざるを得ない状況であったことも否めない。そんな彼らは先々の生活に不安をいっぱい抱えているはずである。しかし、そのわりに、彼らに切迫感が感じられないのは、プレバブル世代である親からの援助・恩恵などがあるからであろう。ただ、いずれにしても彼らの目線は世知辛い現実を受け入れた右下がりなのである。

経済満足×生活満足

プレバブル世代

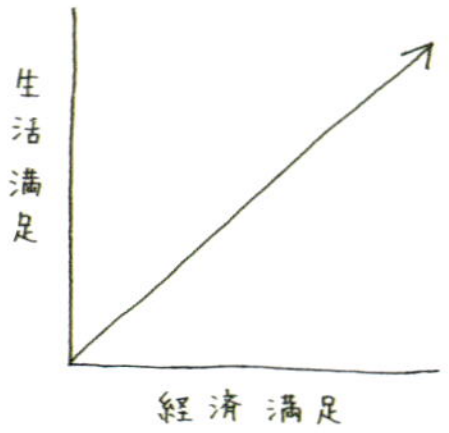

ポストバブル世代

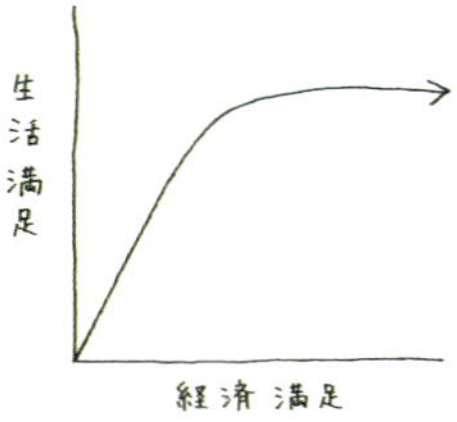

ifsでは、「経済的に満足しているか否か」
「生活的に満足しているか否か」を毎年調査している。
経済満足に比例して
生活満足の高・低が決まる傾向が強いのがプレバブル世代。
経済的モノサシで自分の幸せを図っていることが分かる。
ポストバブル世代は、経済満足が低くても
生活満足が高いと答える率が高くなる。
経済的要因とは別に
幸せを図るモノサシを持ち始めていることが分かる。

※「消費の自由裁量獲得期」とは、高校卒業あたりから始まり20歳前後がそのピークに当たる。その頃に見聞きしたモノ・コト、特に慣れ親しんだファッションやカルチャーが、その後どんなに歳をとろうとも、生活者の消費志向に大きな影響を与えると考えられる。
10代後半の多感な時期には一生懸命情報を入手し、「あれもしたい、これもしたい」、「あれも欲しい、これも欲しい」と思いを馳せる。それが、頭の中で思い描くだけでなく、実際に購買につながる多くの情報と、自由な時間、自由なお金、自由な判断力を手に入れるのが就職（自分で稼ぐ）後であり、その時期が「消費の自由裁量獲得期」になる。

バブル景気崩壊が変えた成功のカタチ

これまで見てきた通り、現在の「右下がり（かもしれない）」という同じ社会の中にいても、生活者の意識は一様かというとそうではないということになる。「思春期にバブル景気を経験したか、しないか」が価値観を大きく左右しているわけだが、今後もまだまだ景気は良くなり年々賃金が上がり、生活がランクアップしていくことが可能だと今現在も信じることができるプレバブル世代と、なかなか景気が上向かないという状況が当たり前だと思っているバブル景気崩壊後に社会人になったポストバブル世代。我慢しつつも頑張れば頑張った分だけ報われるという時代に「消費の自由裁量獲得期」を迎えていたプレバブル世代に対し、ポストバブル世代は、我慢することに何も期待できない、頑張っても報われない時代に「消費の自由裁量獲得期」を迎えたのである。

右肩上がりの経済成長とともに生活が豊かにランクアップしていくことが当たり前だと思っているプレバブル世代には、経済的に豊かで、周囲（社会）からも一目置かれる存在になることが成功像として刷り込まれている。つまり、社会全体がひとつのピラミッドであり、その頂上を

思春期にバブル景気を経験したか否かが、それぞれの価値観を左右している。

目指すことが成功像に近づくことであるといった価値観が基本にある。一方で、ポストバブル世代は、個性を伸ばす教育を受けながら、さらに不安定な社会背景の中で多様な価値観が生まれつつある時代に育っている。人はそれぞれ違う価値観を持って当然であり、理想のライフスタイルも人それぞれ異なるととらえている。ゆえに経済的に豊かになることだけが成功の証だとは思っていない。社会には多様な価値観がいくつも存在するため、成功像も多様にあるという意識を持っているのである。25頁で詳しく述べるが、客観的に見れば、自分とその仲間にしか興味を持っていない（社会や他人には興味がない）ことが一層多様化を増長させる所以と言っても良さそうだ。

プレバブル世代 VS
ポストバブル世代の成功像

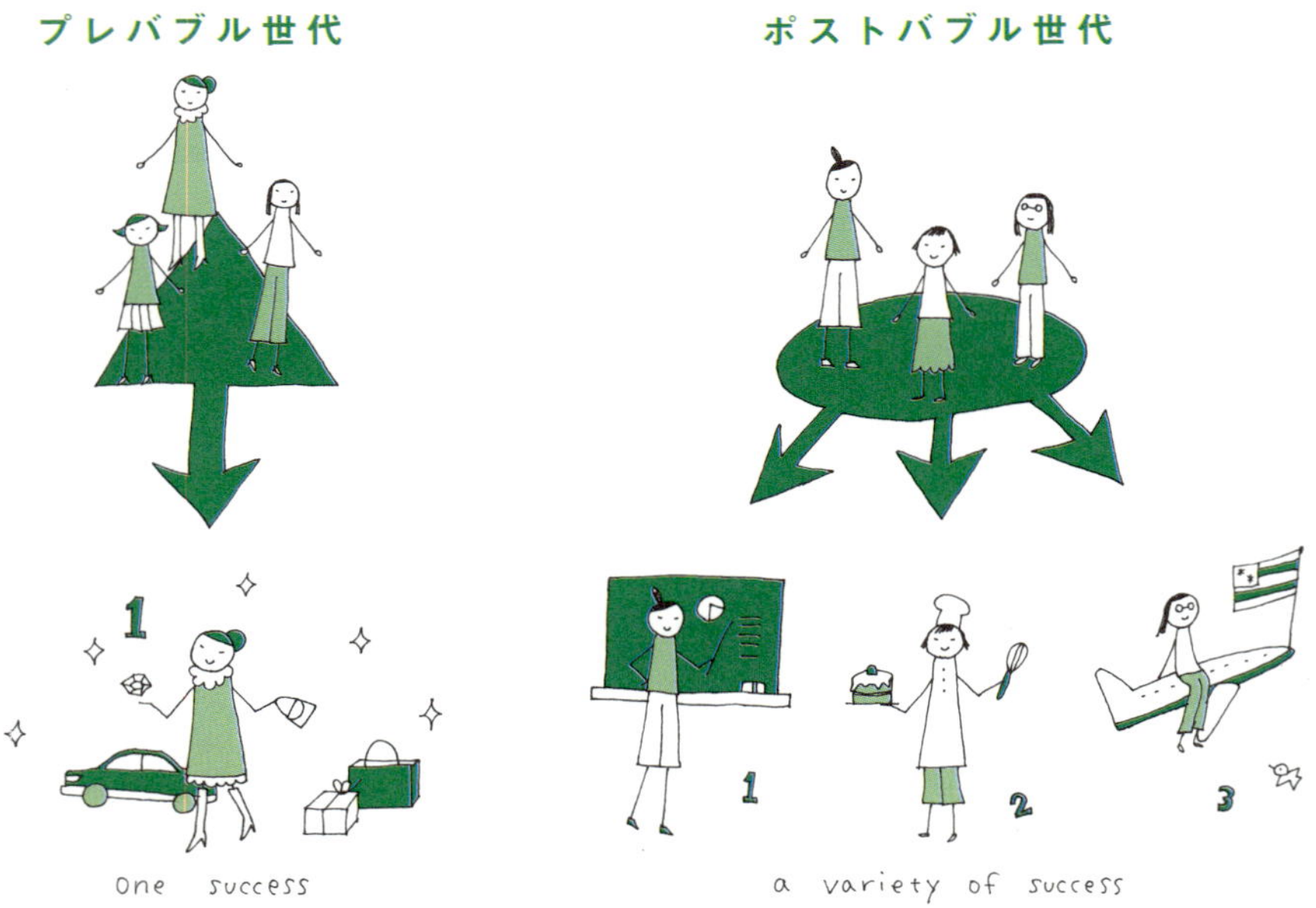

プレバブル世代にとっての成功とは、
経済的に豊かになり、周囲からも認められること。
日本の高度経済成長とともに歩んできたことが
その成功像を刷り込む要因になっている。
一方で、ポストバブル世代は不安定な社会背景の中で
多様な価値が認められつつある時代に生まれ育っており、
目指すライフスタイルも一様ではない。

上向きプレバブル世代と横向きポストバブル世代

「自分らしさ」「個性」など、「自分」についての意識でもプレバブル世代とポストバブル世代とではとらえ方や表現の仕方が違う。差別化を意識する対象をはじめ、関心の範囲・領域にもその差は顕著にあらわれている。

プレバブル世代の〝自分〟感覚

上へ上へのプレバブル世代

経済が成長している社会、時代が進んでいると実感できる社会に生まれ育った彼らにとっては、社会の流れに遅れることなくついていくことプレバブル世代のためのキーワード。「最新」「ランクアップ」「キャッチアップ」。

に価値が置かれる。つまり、常に新しいもの、話題のものを追いかけ、それを認識・体験したり、身につけたりすることで、社会の中で自分の存在意義を確認しているところがあるのだ。時代の流行を体現することこそがカッコいいし、それが自分が成長・向上していることの表現方法だと思っているようだ。この世代は、社会全体・全方位で興味・関心を持つ。しかも、ポストバブル世代に比べて「最新」や「ランクアップ」「キャッチアップ」といった他との差別的なキーワードに反応しやすいことも、そこに根源があると考えられる。

時には鯉のように

プレバブル世代は、自分が社会に置いていかれないように、あわよくば人よりも先んじて進んでいくことを良しとする。人より抜きん出る、人とは違うことを意識することに力点があり、結果として「自分」がまず前面に出てくるきらいがある。鯉が滝を登り龍になるといった伝説があるが、その勢いを髣髴とさせる。自己実現を優先するために、他人との違いを意識した「個性」を重んじる傾向にあるのだ。よって、「自分」という軸を確固としたものにすることにこだわりを持ち、明確な「自分」を積み重ねながら、常に前向きに自分を向上させていく、一貫性、統一性を保つことを良しとしている人たちなのである。

そのため、社会や企業への帰属意識も一様に持っている。もともと終身雇用の就業形態育ちゆえの価値意識を持っていることから、たとえ転職したとしても、帰属先への忠誠心をどこかで持っており、そこにも一貫した自分がいるのである。

ポストバブル世代の〝自分〟感覚

身内・仲間内の世界で生きるポストバブル世代

ポストバブル世代も、「豊かな日本」に生まれ育った世代ではある。彼らは、バブルの恩恵を受けた親世代や祖父母世代からの援助を十分に期待できる、いわゆる「タナボタ」世代でもあるのだ。プレバブル世代がバブル期までに段階を踏みながら手に入れた、ある程度裕福になった生活レベルの中で育ってきていたりする。ただ、今の社会は、何となく景気回復とは言われているが実感はなく、個人的な経済は停滞し、先行き不透明感が強いと感じているため、世の中全体への関心自体が希薄になっていると言える。ポストバブル世代が、分かりやすく効果も見えやすい身近な人間関係や生活空間での差別化に敏感なのは、この社会状況

ポストバブル世代のための
キーワード。
「今」「旬」。

に影響を受けているからだと思われる。彼らにとっての「皆」とは、ごくごく身近な2、3人の仲間だったりするのだ。もちろん世の中全般の動向に関心がないわけではないが、ポストバブル世代は身近な家族や仲間のフィルターを通して入手したものへの関心の方が一層高いのである。

時にはカメレオンのように

　ポストバブル世代は、「タナボタ」という意味では恵まれた世代でもあり、モノ・コトの選択眼も親世代と同時に経験して身につけている。ただ、かつてのように、一億総中流と言われて社会とともに成長し、自分の生活環境が一様に「ランクアップ」する状況は望めない。現在の、そこそこの生活を受け入れている彼らにとって、「今」の「旬」を味わうことが最も大切なことになっている。仲間うちでの「旬」が変われば自分もそれに順応して無意識に変わっていく。来年、明日がどうなるか分からない分、「今」を楽しむことに貪欲ゆえに、「自分」自身も、規定に縛られることなく、臨機応変に対応していくことを良しとしている人たちなのである。仲間内から浮かないことを第一とするこの世代は周囲の状況に合わせて体の色を変えてしまうカメレオンのようだ。

　そのため、社会や企業への帰属意識は薄い。ポストバブル世代は、就職難ゆえに契約社員や派遣社員、アルバイト、フリーターといった就業形態でスタートせざるを得なかった人たちだ。そんな状況が、彼らの中に、自分の力では如何ともしがたく、いつどうなるか分からない社会・企業などへの忠誠心や帰属意識を持つことよりも、リアクションがすぐに得られる身近な仲間や、効果がすぐに感じられる自分磨きを優先させる価値意識を形成させてしまったのかもしれない。

“マイペース”に2つの質

社会の不透明感が増し、枠組みの変化や情報の氾濫が著しく、時間に追われるような日々の中で、「のんびり・ゆったりしたい」という声をよく聞く。「自分のペース」をいかに確保するか、自分の時間をいかに有効に使うかは、今の生活者にとって非常に重要なテーマになっている。この「自分のペース」とは、「ただゆったりゆっくりとした時間を確保する」というよりも、自分のやりたいことを納得できる内容にするためのペースを自分でしっかりコントロールしたいということに他ならない。各人とも同じように時間を求めているが、プレバブル世代とポストバブル世代とでは、その中身（内容）と質（価値）に歴然とした違いがある。

プレバブル世代の〝時間〟感覚

「ぼーっとするのはもったいない」：24時間フル回転

バブル景気崩壊前の、時間とともに良くなる、向上するという右肩上がりの社会経験が身についてしまっているプレバブル世代には、「有意義に時間を使わないといけない」といった思いが感じられる。時間の中身をぎゅうぎゅう詰めにしていくこと、そしてそれをこなしていくことに価値を感じるのがプレバブル世代なのだ。家事をしながら、情報収集したり運動を取り入れたりと、双方をクリアする「ながら族」も多い。友人と会っておしゃべりをする場合でも、どこの街のどの店を選ぶか事

プレバブル世代は凝縮した時間をこなすことで達成感を得ている。

前に練るのが当たり前。味はさておき話題の店にするか、少々高くても美味を堪能するか。目的はひとつではおさまらない。凝縮した時間をこなすことができるほど、充実感を得られると感じる傾向にあると言える。つまり、「ぼーっとするのはもったいない」というこの世代は、自分の自由になる時間ができても、何もせずにいるという状態には耐えられない。何かしら緊張感のあるコトがセットされて初めて自由な時間を楽しむことができる人たちなのである。

目標達成型時間消費

「今日よりも明日」「今年よりも来年」などと、所得も自分磨きも、モノ・コトすべてにおいて時系列でとらえるプレバブル世代は、時間を使うことで何かしらの成果や達成感を得ることを望んでいる。ある目的のためにきちんと計画を立て、それを達成するという手順を踏んだ時間の使い方が生活の基本になっているのだ。趣味においても、あれこれ手を出すよりもひとつのものを長く続けることで腕を磨き、それを対外的に披露する場などをもうけて、自分の成果に対する評価を得、達成したという満足感を味わう。何事においても、長期的な視点に立って計画を組みながら、前進・向上していくような時間の使い方をするのである。

プレバブル世代の声

・「いつも〝あれもしなきゃ〟〝これもしなきゃ〟という思いがあります。歳とともに、限られた時間の中でこなせることが減ってきた気がするけれど……。でも常に何かしなきゃという思いは変わらないと思います」（50代前半）

・「ここ数年パン作りを習っていますが、家族や友人にも好評なので、子供が中学に入ったらパン屋をオープンさせたいと思っています」（40代前半）

・「気付くといつもスケジュールが埋まっています。どうせ友人に会うなら、美味しいお店でと思ったりして、インターネットで調べたり、ただ会うだけでは済まされないですね」（30代後半）

40代後半女性の1日
「●●しながら■■する」は当たり前

① 毎朝、洗濯物たたみ＋ストレッチは基本。洗濯物をなるべく遠くに置き、開脚＋前屈しながらたたむ。

② 自宅で仕事をする際は、頭がすっきりするアロマを焚きラジオもつける。多岐にわたる情報が得られるJ-waveを聴くことが多い。

③ キッチンで料理を作る時は、TVが観られないので、やはりラジオは欠かせない。聴くのはもちろんJ-wave。どうせ立っての仕事なら、足首強化の室内履きを履くことも忘れない。

④ お風呂に入りながらの美顔マッサージもお決まり。お風呂上がりには足裏マッサージをしながら、新聞を読み、TVをつける。その日のニュースを確認しつつ、全身をリラックスさせる。1日の最後の1時間は、趣味のサイトチェック。気になる言葉はすぐに検索サイトで調べるのが日課だ。

ポストバブル世代の〝時間〟感覚

「ぼーっとすることこそが贅沢」：何もしない贅沢

オフの時間であっても、詰め込みながら何かをすることが有意義ととらえるプレバブル世代に対し、ポストバブル世代は、「必ず何かしなければいけない」という気負いがない。いわゆる一般的に知られているレジャーは、プレバブル世代である親に連れられて体験済み。また社会人レジャーは学生時代にクリアしてしまっている。そんな彼らにとっては、「何をするか」は大した問題ではないという見方もできる。幼少から自分の意志とは関係なく習い事や塾などスケジュールがぎっしり詰まった生活をしてきたポストバブル世代にとっては、「ぼーっとする時間」がかえって貴重な時間であり、何にも縛られない、余白・空白の時間こそが、充実した時間と化すのである。たとえば、寝る前の30分には、ぼーっとする時間を確保したりする。それは自分を整える時間になる。ただし、この時間も、何もしていないわけではない。ゲームやメールをしたり、マンガを読んだり、大好きな紅茶を飲むなど、それぞれにとって「一番リラックスできる」ことが、「ぼーっとする」と言い換えポストバブル世代はゆるい時間の中、自らの体感・実感を得ることが満足につながる。

られているのである。

行き当たりばったり型時間消費

ポストバブル世代では、とりあえず友人と集まることだけ決めておき、何をするかはその時の気分と流れに任せるといった、アドリブ的な時間の過ごし方が多く見られる。スケジュールが埋まっていないのは淋しい人たちゆえ、「いつ、誰と会うか」といった大枠だけは決まっていたりする。ケータイによるアバウトな約束が成り立つという環境もそんなアドリブ型時間消費を後押ししていると思われるが、その時間を一緒に過ごす相手が決まってさえいればそれで安心できるのがポストバブル世代なのである。つまり、何をするか、どこへ行くかといった「目的」の優先順位は低い。たとえば、「趣味が散歩」というポストバブル世代は決して少なくない。ルートも所要時間も決めずに、スタート。ただプラプラしながら疲れれば休み、気に入ったものを見かければ立ち寄る。結果どこに行き着くかはお楽しみといったところだ。何であれ、自らの体感・実感を得ることが満足につながるのである。

ポストバブル世代の声

・「友達と一緒の時間を大切にしています。会社では色々話せないので、どこに行くかよりも友達と話せればそれで満足」(20代前半)

・「仕事に充実感は求めるけれど、どっぷりオンの生活に浸かるのは嫌。オン・オフの区別ははっきりつけたいと思っています。気分をリセットするために、毎日寝る前の30分はゲームをするのがお決まり」(20代後半)

・「毎日寝る前に、自分だけの時間が必ず必要。ぼーっとしながら大好きな紅茶を飲むのが日課になっています。今は子育て中なので紅茶もティーパックで済ませているけど、独身時代はちゃんと葉っぱを入れて香りも楽しんでいました」(30代前半)

20代後半女性の1日
「行き当たりばったりのリアルが新鮮」

① 散歩の日、玄関を出て、まずは家の前に置いてある金魚鉢をぼっーと覗く。元気に金魚が泳いでいる姿にちょっと優しい気分をもらう。

② 途中、路地裏の屋台の賑わいに魅せられる。おばさん、おじさんの何だか分からないエネルギッシュな姿に新鮮さを感じる。

③ 神社・仏閣を見かけるとお参りしないと気が済まない。その土地土地の歴史をリアルに知ることができるのがうれしかったりする。

④ インテリアショップの前にディスプレイされたランプが気になる。店に入って物色するも、散歩の途中にてまた別の日に見にこようと思う。

⑤ 自宅から青山まで歩いて3時間かかった！　ということに納得する。この実体感こそが散歩の醍醐味になっている。

2つのグループ
キーワード

	プレバブル世代（35歳以上） ※団塊世代、DC洗礼世代、ハナコ世代、ばなな世代、団塊ジュニア世代の一部	ポストバブル世代（34歳以下） ※団塊ジュニア世代、プリクラ世代。ただし、ハナコジュニア世代からは「？」。景気回復、団塊世代リタイアによる売り手市場や、親の影響による
基本価値観	・頑張ったら頑張った分だけ報われる ・成功像はひとつ、「経済的に豊かである」こと ・貧しい生活からスタート／20歳を超えてバブル景気を経験。当時の右肩上がり目線が未だに残る ・無駄も大事 ・アナログ主体のデジタル視点	・どんなに頑張っても報われない ・成功像は「多様（世間に興味なし）」 ・豊かな生活からスタート／10代でバブル景気を経験したものの、就職時は崩壊。刹那的ながら、現実を受け入れた平行・下向きな目線を持つ ・無駄嫌い ・デジタル主体のアナログ視点
立ち位置・視点	・将来、長期的 ・今日よりも明日、今年よりも来年、生活は良くなるはずと思っている ・上へ上へ目線	・今、中期的 ・先のことは分からないと思っている、とにかく「今」を楽しむ生活をしたい ・横向き深化目線
自分に対する目線	・社会の中の自分	・仲間の中の自分
なくてはならない気分	・前向き	・楽しい
自分との関わり	・「自分スタイル」を意識／固く自己を貫く ・自分に時代に沿う柔軟性を注入する	・「あいまいな自分」を意識／「旬」にフィットする ・自分に保険的安心感を加算する
人との関わり	・自分ありきの人間関係 ・「家族」はベース	・自我はもちろん、人間関係優先 ・「家族」はローストレスの貴重な存在
時間との関わり	・ぼーっとするのはもったいない ・「有意義な時間」を過ごすことに留意 ・目標達成型時間消費	・ぼーっとすることこそ贅沢 ・「何もしない時間」を持つことに留意 ・行きあたりばったり型時間消費
消費意識・傾向	・区切り消費と引き上げ消費 ・人生、自分を語らせるもの／上品さ、年相応と若さ意識の間 ・割り切れるものに惹かれる、決める、型を志向 ・ワンテイスト（ブランド）、ブランド名に惹かれる ・モダン、ナチュラル、高級 ・欧米ものに憧れる	・出会い消費と保険消費 ・“今”を語るもの ・割り切れないものに惹かれる、決めすぎない（キモかわいい、こわカッコいい）、あえて型にはまる ・ミックス、セレクト感に惹かれる ・リミックス、リメイク ・欧米・日本関係ない、古びたものや和モノは新鮮

プレバブル世代でもポストバブル世代であっても
同じ時代に生きているゆえ、共通価値観はもちろんある。
また、年齢を重ねたからこそ築かれる価値観も当然ある。
しかし確実な違いも歴然？

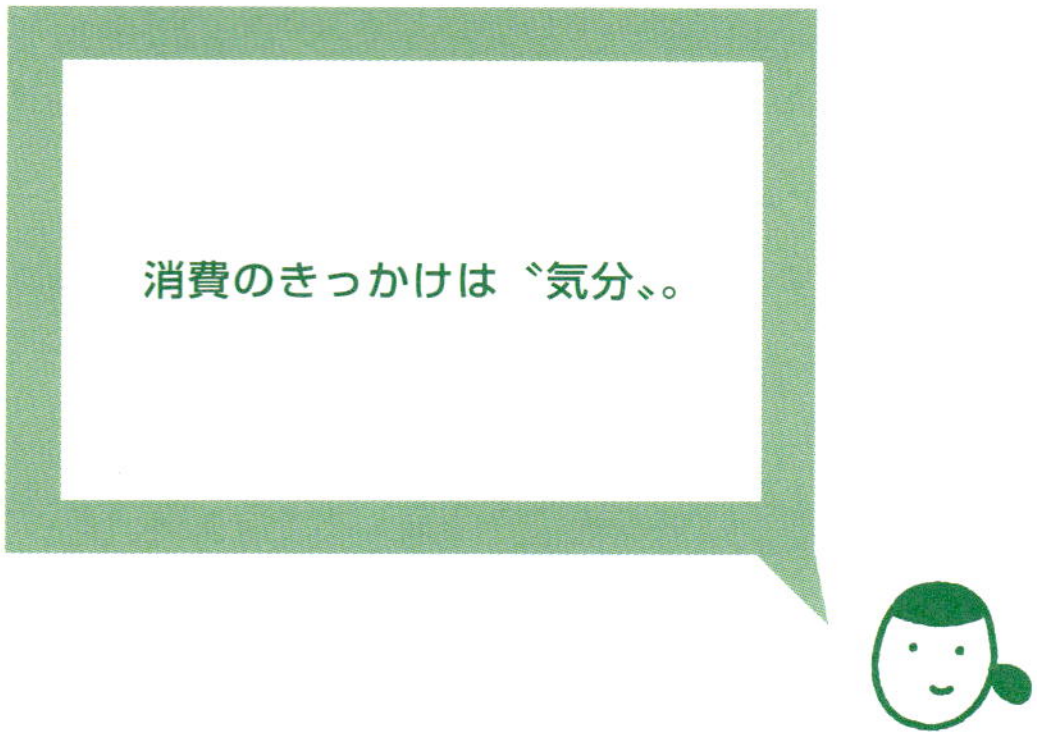

気分屋消費の女たち

モノがあふれる豊かな暮らしがベースになっている現代生活においては、「〇〇がないから△△を買う」といった目的消費はなかなか望めない状況にある。つまり、消費をしてもらうためには、その〝きっかけ〟と〝後押し〟が何かしら必要ということだ。ただ、今の消費の主なきっかけは〝気分〟。特にポストバブル世代は、うんちくよりも感覚重視だったりすることもあり、「□□な気分になりたかったから△△を買った」など、いわゆる気分消費の発言が多くなる。さらにその〝きっかけ〟と〝後押し〟さえも掴みどころがなくなってきていたりするのだ。圧倒的な情報量の違いもあり、モノに対する執着心もまたプレバブル世代とポストバブル世代とでは異なっているのである。

プレバブル世代の消費の
きっかけと後押しは、
「区切り」と「引き上げ」。

プレバブル世代の〝モノ〟選び意識と消費実態

区切り消費と引き上げ消費

前向き価値観が基本にあるプレバブル世代にとっての、消費のきっかけと後押しは、〝区切り〟と〝引き上げ〟である。自分の働き、頑張りに対する評価として消費する。「ここまでよく頑張ったから」「入社5年目だから」「結婚10周年だから」など何かの区切りを理由にモノ・コト消費をする傾向にある。プレバブル世代は、自分が頑張ったら頑張っただけ報われるという右肩上がりの社会で生きてきた背景からか、「自分の働きが報われて当然」という意識も強い。それゆえ、なかなか社会的な満足が得られなくなってきている現在、自らに活力を与え、自分を前に向かわせるための〝引き上げ消費〟がますます必要になってきているとも言えそうだ。その際、モノが自己表現のひとつになっているプレバブル世代だけに、資産的な要素や、自分に自信が付加される要素のあるものを選択する傾向がある。

モノは口ほどに物を言う

プレバブル世代は、バブル景気を経てきたことで、ステイタスとしてのブランド消費や、ステップアップ消費、ＴＰＯ消費などさまざまな消費経験を積んできた人たち。その経験があるからこそ、自分基準を持ってモノ選びができるといった自負もある。自分のライフステージやスタイルを考えて、今だから似合う、これが良いといった選択をしているのだ。クラス感のある車や時計であったり、逆にブランドではないが、自分の眼鏡にかなった質の良いものだったり、単純に値段で判断することができない自分の価値観による消費だったりする。ただし、その消費経験の豊富さゆえに、これまで慣れ親しんできた、好みのテイストの範疇で選ぶ傾向が強くワンテイストにまとまりがちなのも特徴。いずれにしても、プレバブル世代の人たちには、今までの人生で培ってきた自分基準に基づくモノ選びが、自分らしさを作り出しているという思いがあるのだ。

また、その自信の反面で、実際の年齢よりも若くありたいという意識も働いている。プレバブル世代にとっての〝若さ〟とは、「今の時代なら何がフィットするのか」ということ。外見の若さはもちろんだが、時

ポストバブル世代の消費は
「旬」の取り入れ。

代からズレていないことこそが若さを保つ秘訣になっている。つまり、情報をどんどん吸収することが若さについていくことと考え、新情報や若者情報にも敏感。流行に遅れることなく、常に時代の中心にいたいという思いで消費しているのである。もちろん、若くありたいと思っても、若者と同じもの（同質）では年齢とのバランスが取れないし、満足もできない。時代と自分のギャップを埋める、納得できるものを求めているのである。

ポストバブル世代の〝モノ〟選び意識と消費実態

出会い消費と保険消費

〝今〟を楽しむことが基本価値観にあるポストバブル世代は、生まれた時からモノが豊かな生活をしてきたため、モノへの執着が希薄。モノを通り越して向こうにあるコトを見る傾向にあり、消費の価値は〝旬〟の取り入れにあると考えている。「限定品だから」「海外に来たから」「ピンときたから」と理由はさまざまだが、そのモノと「出会ってしまったからには買わないと」と、タイミング自体を理由として、手に入れることも少なくない。ただ、モノへの執着心は希薄なため、せっかく手に入れた品をネットオークションで転売することにも抵抗はない。マニアの好むニッチなものか、誰もが知っている「有名ブランド」か、あるいは〝限定〟〝旬〟のモノなら高評価が得られることを知った上で保険的な消費をしたりもする。メリハリをつけながら、時に、ネットオークションで転売した際に高値をつける商品であるかどうかまでをも計算して消費するポストバブル世代も確実に存在すると言ってよい。

セレクト消費で〝今〟を表現

ポストバブル世代が意識する「外」とは、世間一般ではなく友達や知人である。その範疇で、他者に大きく外れてしまうことは不安で居心地が悪い。大筋は周り＝仲間に歩調を合わせながら、ほんの少しの自分らしさやこだわりを示していたいと思っているのだ。また、そのささやかなこだわりは今の自分の嗜好を語るものであり、それは次々に変化していく。時には1〜2週間で変わってしまうこともある様子。前述したようにポストバブル世代の自分自身の在り方は、「規定のない自分」であるため、志向を固定するよりもむしろその変化を消費する傾向にある。「私は好きなものが次々に変わるので、友だちに『今は誰が好き？』、『何が面白い？』と聞くのを楽しみにしていると言われる」などといった、自身のつかみ所のなさも楽しんでいるのである。

また、ブランドやテイストミックスが当たり前に育っているポストバブル世代は、プレバブル世代のようにひとつのテイストやスタイルにはまることにかえって抵抗を覚える。決めすぎ＝頑張りすぎ＝カッコ悪いという感覚さえあるのだ。どこかを少しはずし、力の抜けたひねり具合で自分のセンスを表現したいと思っている。プレバブル世代がトータルでイメージのあったものを選んでいくのに対して、ポストバブル世代はそのモノが単品として、自分の好みであることを優先させる。それぞれのブランドやテイストが違っていても、自分が気に入ったアイテムを選択することが心地良い自分のスタイルであると考えるのだ。

二兎を追う方法はひとつにあらず

事例は古いが、「いつかはクラウン」「スウィート10ダイヤモンド」的な計画消費を促すフレーズはプレバブル世代にしか通用しない。根の部分では将来などどうなるか分からないと思っているポストバブル世代は、欲しいものがあるなら今購入してしまうのだ。つまり、これからの商品開発やマーケティングには、プレバブル世代とポストバブル世代のそれぞれのモノとの距離感、モノに求める要素を踏まえたアプローチが必須になる。

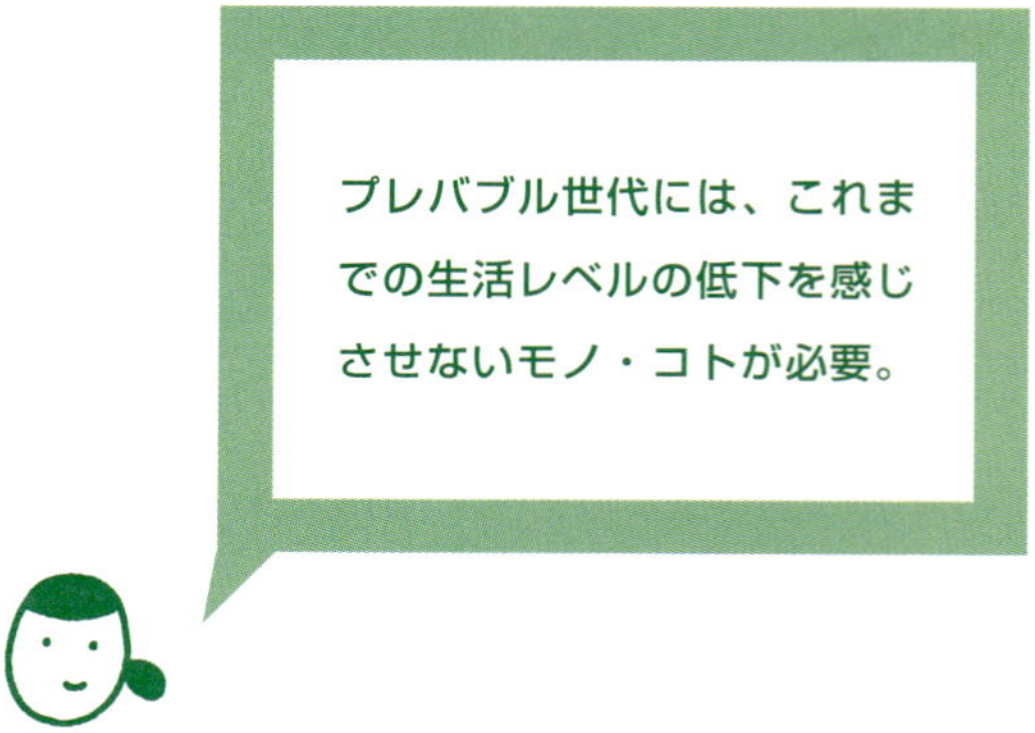

——プレバブル世代を狙うポイント
消費で上昇の夢を見る

プレバブル世代にとって消費とは、自分が豊かになっていくことをあらわすものであり、さらに、自分の社会的位置づけを確認するものでもある。その点で物欲が非常に強く、この傾向はそうそうなくなることはないだろう。しかし、彼らにとって、現在の「停滞社会」は、生まれて以来経験したことのない社会である。現在も意識上は「右肩上がり」のままで、社会が「停滞もしくは下降状態（かもしれない）」という現実を、頭では分かっているものの実感としてなかなか理解できていない。

しかし、退職やリストラ、上がらない賃金、いくらもらえるか分からない年金など、現実は容赦がない。物欲と消費でこそ実生活の豊かさが感じられるプレバブル世代がこれから欲しいと思うものは、これまで築いてきた生活レベルの低下を感じさせないモノ・コトになる。ランクアップは望めないまでも、キャッチアップしている前向き感が感じられるもの。上質感と、時代感があり自分に相応しいと感じられるものには、これまでと変わらずお金を使うのではないだろうか。多くの消費経験か

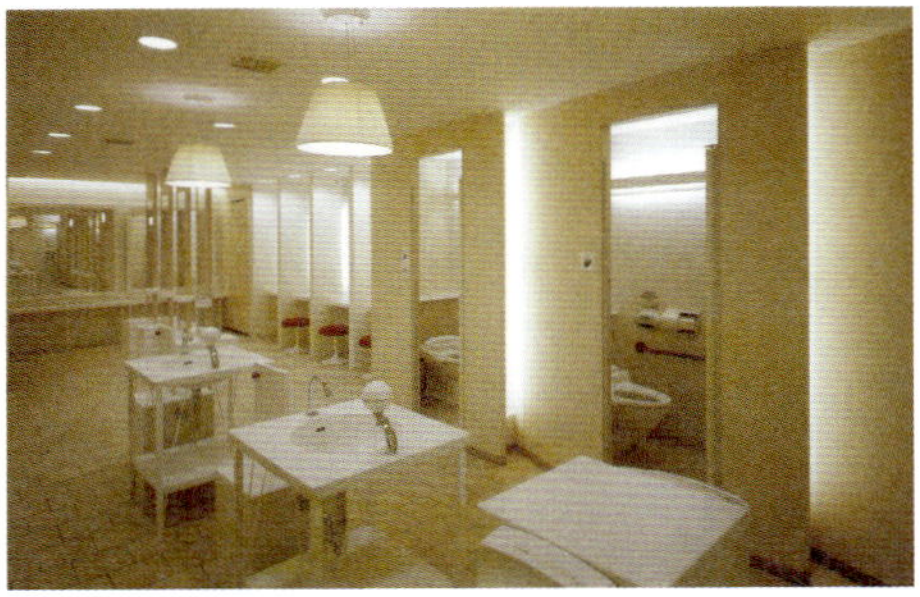

京王百貨店４階婦人トイレ

ら、この程度の価格ならこれくらいの品質が得られれば十分といった判断もするため、納得感さえ与えることができれば選択されると思われる。

クラス感と言う名の安心感

豊かさの象徴を消費で表現してきたプレバブル世代は、自らの格をモノ・コトに求め、そこに安心感を得る傾向が強い。

たとえば、同窓会支援事業を行う同窓会ネットによると、プレバブル世代が同窓会を行う場合、ホテルなど格式がある場所を選ぶのだという。もちろん人が集まる場所として便利という合理的な要素もあるだろう。しかし、それ以上に、名前が知られていることや行き届いたサービスにどこか優越感を感じたりするのである。また、全国の商業施設のトイレを手がける設計事務所のゴンドラによれば、ターゲットとなる年代により、そのデザインやサービスの対応が細分化してきているという。ある百貨店ではフロアごとにトイレの空間コンセプトを変えて設計している。たとえば高級既成服のプレタポルテやキャリアカジュアルが入っている3階フロアのトイレのコンセプトは「ゲストルーム」、トイレと休憩場所を一体化させゆったり感を優先させた。また、婦人ミセス売場4階のコンセプトは「サロン」とし、リビングルームのような居心地

京王百貨店８階「リフレピア」

の良さを提供し、好評を得ているという。プレバブル世代の利用者に向けて、クラス感と安心感を同時に与えていると言えそうだ。

時代へのキャッチアップ感

世間、社会の動向を常に意識し、自分がどこに位置しているのかを確認しているプレバブル世代にとって、時代の動きを感じさせてくれることがとても大切なファクターになる。

たとえば、プレバブル世代の顧客を多くかかえる京王百貨店でも正面玄関を改装し、創業以来の大理石＋ダークブラウンから今風のカジュアルな装いに変更した。大人受けを狙う百貨店であっても、時代の雰囲気を感じさせるものにしていかなければならない。従来の単なるゴージャス感だけでは、ただの古臭い印象になってしまうのである。８階、「健康・美・癒し」の売り場「リフレピア」においても、季節やトレンドに合わせてテーマを１ヶ月に１度変えている。また、ＴＶやネット、新聞で商品を調べてから購入する傾向があるプレバブル世代への対応として、販売員のプロ化が最重要ポイントだという。同じものを売るにも、機能面、カスタマイズ的アドバイスはもちろん、時代感をうまく取り入れてアピールすることが重要なのだ。

プレバブル世代は同年代の販売員の接客に納得消費を求め、若い販売員の接客には若々しい自分を発見するための期待消費を求めている。

積み上げ自信

経験知を積み上げていくことに誇りを感じているプレバブル世代。その自信を喪失させないことが今後の消費の大きなポイントになる。

既婚者にとっては、○○ちゃんなど、ひとりの女性として独身時代の呼び名で呼ばれることは新鮮であると同時に、これまでの自分の歩みを確認することにも一役かっているようだ。「これで良かったのだ」と、どこかで自分を肯定する機会を得る＝積んできたものに対して自信を持つことで、また上へと向かわせる後押しになるのである。

また、ダイエット方法などでも、我慢せずに毎日続けられるメニューが人気だ。一足飛びに効果を得るのは無理なことだという経験知的判断がどこかで働くようだ。

気分引き上げ効果

特にファッションやヘアメイクなど、目に見えて楽しい気分になれるようなモノ・コトで欲しいキーワードである。

たとえば、化粧品を買う際には、スキンケアに関しては自分と同年代の販売員を望み、メイクに関しては自分よりも若い販売員を望むといポストバブル世代には、不安感を隠し、楽しさを味わわせてあげるモノ・コトが必要。

う。同年代には自分の悩みを解決してもらうことでの納得消費を求め、若い販売員には流行りの色やメイク方法を聞くことでまた新しい自分、若々しい自分の発見をするための期待消費を行っているわけだ。いずれも、常に気分を上向きにしていたいプレバブル世代に不可欠なサポート要因なのである。

――ポストバブル世代を狙うポイント 消費で〝今〟を満喫する

ポストバブル世代はもともと豊かな生活からスタートし、不自由のない生活レベルのままで今の停滞期に入っている。つまり、豊かな暮らしを手に入れるまで一生懸命に頑張ってきたプレバブル世代のように、「モノ消費が自分の社会的位置づけを象徴する」という気負いはまったくないのである。彼らが求めているのは、今の何不自由のない暮らしのままでいられること。ただし、いまだに現実を受け入れられないでいるプレバブル世代とは違って、現実のシビアさを肌で感じている人たちであるため、先々の不安感は拭えない。彼らが漠然と持っている不安感を隠し（取り除くことはできないが……）、今の「楽しさ」を切り取って味わわせてあげることが消費を促すポイントになってくるだろう。ただし、とびっきりのハイテンションは求めていないのも特徴。ローテンションになった時とのギャップに耐えられないため、今以上でもなく、今以下でもなく、ほどほどであることが一番心地良いのである。同時に、ちょっとした自分のこだわりを表現するモノ・コトに消費を惜しまないと言えそうだ。そして、実際に自分を守ってくれるかもしれない保険的なモノ・コト、自分にちょっとでも自信をもたらしてくれるものにも興味の矛先が向き始めているように思われる。

「今ならコレ」のお墨付き

ファッションや化粧品など、ブランドや商品の機能が明確なもの、ブームなどサイクルの早いものには顕著に働くキーワードである。

旅行・レジャーの分野では、たとえば第一目的が、アメリカのディズニーランドで遊ぶようなツアーであっても、そんな誰もが知っている土地に、地元の人や添乗員しか知らないちょっとしたプロの情報を盛り込むことで、〝今〟を感じさせる〝〇〇おすすめの〟企画になり、他とは違う魅力の訴求につながることになる。あくまでもポストバブル世代の今の関心事にフォーカスし、半歩先の情報を提供することが重要である。

アドリブ的〝楽ノリ〟

時間をかけて深くモノ・コトを追究する楽しみよりも、その時々の雰囲気を楽しみたいポストバブル世代のコト消費の典型的キーワードである。

昨今の野外音楽イベントなどの参加者増加ぶりがその一例。ひとりのアーティストを追いかけ、CDをコレクションし、熱心に聞き入るのはプレバブル世代。何事もミックスすることが当たり前のポストバブル世代にとっては、数十組のアーティストが一堂に介すフェスタこそが魅力的なのだ。しかも野外の場合、その時の気分次第でどこで聞いても構わない、というゆるさがある。思い切り一体感を味わいたければステージ近くで。BGM程度でよければ木陰で寝そべりながら聞いていれば良いのである。そんな規制の曖昧さがポストバブル世代のアドリブ気質に符合しているのであろう。

ちょいひねりで〝違い〟を出す

全く知らない商品に手を出すようなリスクは負わないが、人とはちょっと違うものが持ちたいポストバブル世代の微妙な気分を刺激する。

ポストバブル世代にとって最重要必需品であるケータイなどの場合、

2007年発売「Sweets Cute」

何が他と違うのかが非常に重要な訴求ポイントになってくる。もちろん価格面も条件のひとつだが、機能もフルに活用しているわけではないことから見ても、やはり見た目のデザインが選択ポイントになるだろう。かつて人気を博したケータイ「Sweets」（KDDI株式会社）は、ケータイそのもののデザインにこだわったのはもちろんだが、そう頻繁には買い換えられないことに着目、気分やファッションに合わせて変えられるシールをつけて対応した。しかも剥がしても汚くならないシールを採用したことがヒットの要因になっている。ちょっとした心の満足感への刺激が有効に働いたのだ。

即席で保険的自信

ポストバブル世代は楽しみを満喫するモノ・コト以外に、その結果が自分に何かしらの保証や保険効果をもたらすものを欲しいと思っている。新たな人との出会いが生まれるネットワーク参加や検定ブームもその一環だと思われる。

たとえば、ショコラをはじめ、スイーツのプランニングを行っている株式会社ポットラックインターナショナルが定期的に開催しているショコラ講座では、ディプロマ（修了証書）を発行する時としない時とでは

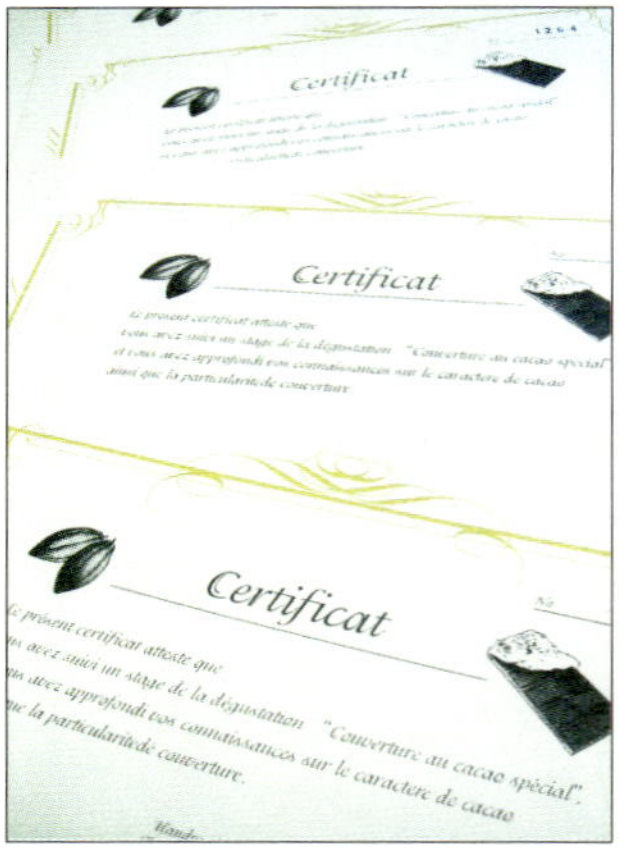

ディプロマ（修了証書）

参加者が3倍ほど違うという。特に30代前半の参加者が増えるのだとか。公に通じる資格なわけでもないし、講座内容が変わるわけでもない。しかし、学んだことを形に残せれば、趣味の知識を増やしたという単なる自己満足ではなく、不安を払拭する保険になってくれるようだ。先行き不透明な社会にあり、無駄嫌いなポストバブル世代は常に証を欲し、保険に囲まれていたいと思っているのである。

引き上げ消費と出会い消費

プレバブル世代　　ポストバブル世代

消費によって自らのステイタスまで上昇させたいプレバブル世代と、
とにかく“今”を味わいたいポストバブル世代。
バブル景気の消費を経験しているか否かで
消費に対する価値観が異なるため、
それぞれの特徴に合わせたアプローチ方法を考えたい。

第２章

世代論

たかが世代論、されど世代論

人口構成図
2006年

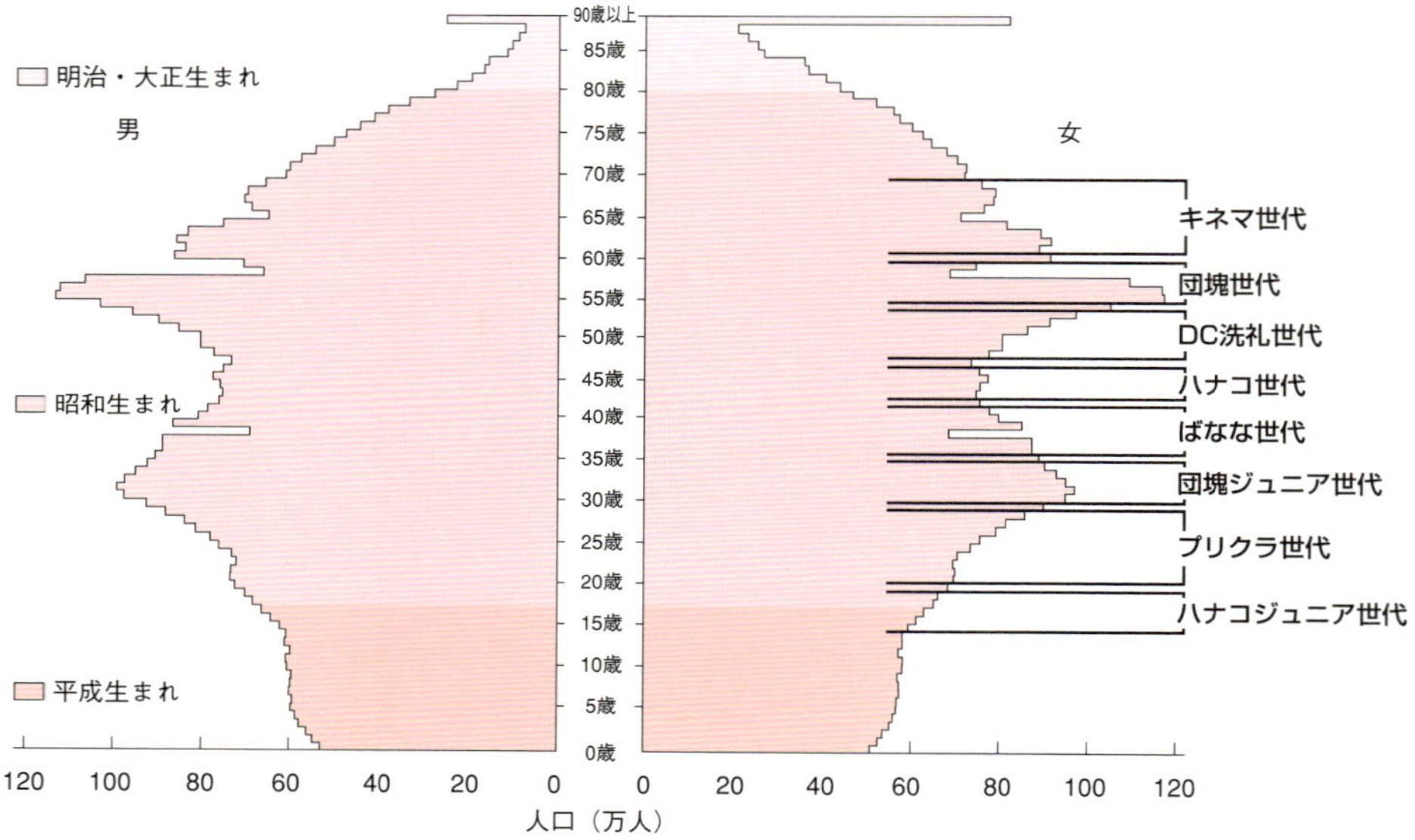

出所：総務省統計局ホームページより集計

人口構成図にifs独自の
世代区分を記した図である。
団塊世代、団塊ジュニア世代に関しては、
一般用語として使われている世代名でもあるが、
括っている年代・年数は弊社のものと多少のズレがある。
もちろん、さまざまな影響を受けて生活者の志向は形成されるため、
ある年齢で上下の世代特徴が明確に分かれるものでは決してないが、
弊社で定性的に行った自分史調査結果をもとにあえて区分を行っている。

人口構成図
2015 年

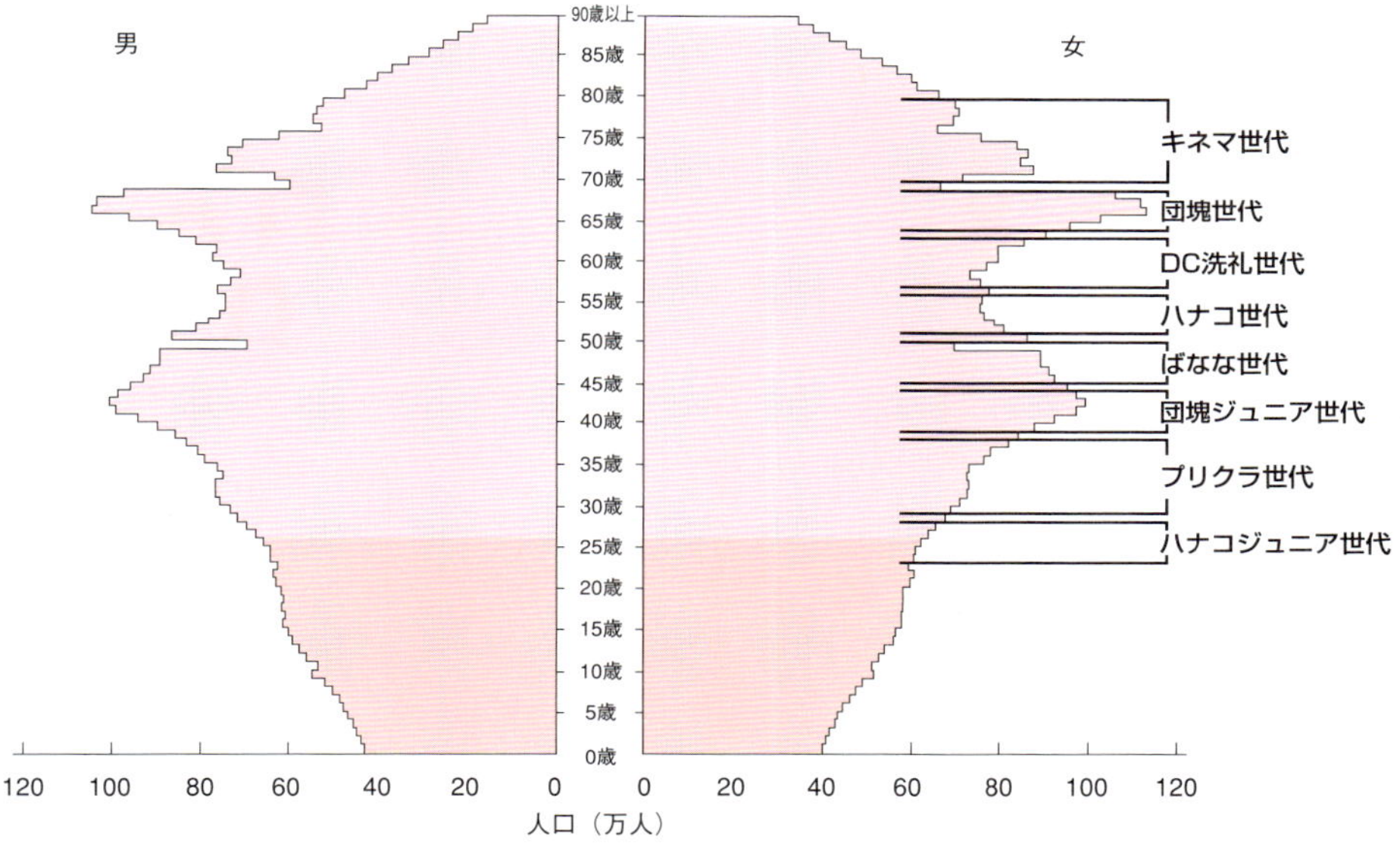

出所：国立社会保障・人口問題研究所

人口構成の推測図に ifs 独自の
世代区分を記した図である。
将来を見据えながら、各世代のライフステージ変化期や
加齢に伴うモノ・コト・サービスを必要とするタイミングを見計らいたい。
年齢的な観点で言えば、同じ商品であったとしても、
生活者の志向性に違いがあるため、
テイストやコミュニケーション方法が自ずと変わってくることになる。

年齢とライフステージがリンクしない時代

世代による生活者把握は必須

ｉｆｓでは、生活者を独自の方法で世代グルーピングした、「ファッション世代消費論」をベースに、ターゲット分析を行っている。「年代」（ライフステージ／学生、就職、結婚、出産、リタイアなど）や「時代」（戦後、高度経済成長期、バブル景気崩壊、９・11アメリカテロ事件など）の影響とともに、「世代」は、生活者の志向の根底を形成する重要な要素のひとつと考えている。

「ファッション世代消費論」の世代グルーピングを行うにあたって

※「自分史調査」では、衣・食・住・遊・知それぞれの分野について、本人が生まれた年から30歳前後までのモノ・コトを記述してもらい、今も影響を受けているものにマーキングなどをしてもらう。

■未既婚者の割合

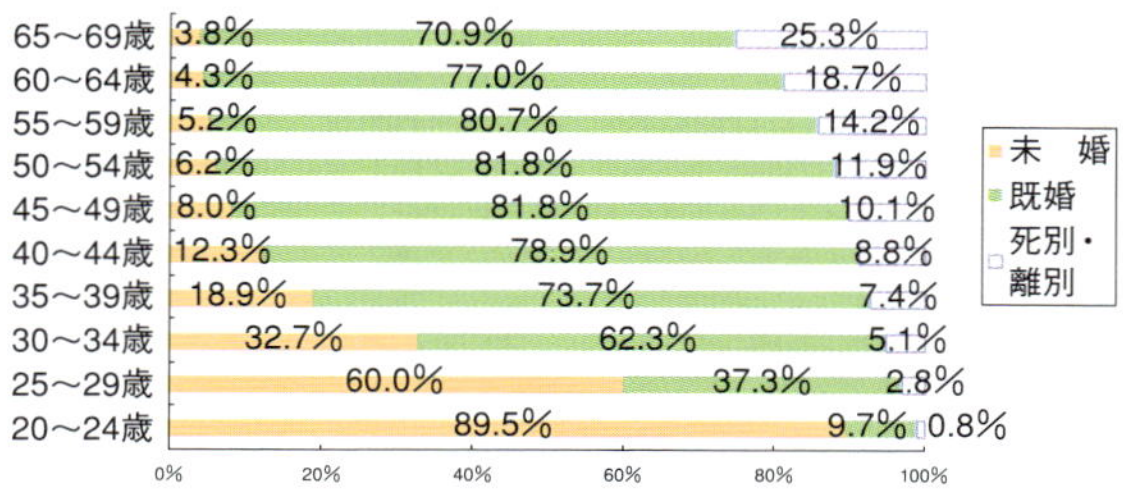

出所：総務省統計局「平成17年　国勢調査」

は、自分史調査（※）を実施。ある程度同じモノ・コトに影響を受けている年齢を括り、ひとつの世代としてグルーピング、その特徴を世代の名前とした。

調査の結果、10代で「消費意識の刷り込み時期」が始まり、高校卒業あたりから「消費の自由裁量獲得期」（20頁参照）が始まることが明らかになった。「刷り込み時期」に、一生懸命情報を仕入れ、「あれもしたい、これもしたい」、「あれも欲しい、これも欲しい」と思いを馳せる。その思いを、多くの情報と自由な時間と自由なお金、自由な判断力が手に入る「消費の自由裁量獲得期」で花開かせる、それが20歳前後ということだ。この多感な時期に見聞きしたモノ・コトが、その後、50歳、60歳、70歳になろうとも生活者の志向を左右するのである。特に、ファッションやカルチャーを中心とする感性面での刺激が強かった分野においては、好奇心旺盛で何事にも吸収意欲の高い青春期の刷り込みが顕著に残ると言えそうだ。数年前のディスコブームに群がったのは、20代の頃にディスコブームを経験した今の40代、ハナコ世代だったという話題は記憶に新しいのではないだろうか。視覚的要素の刷り込みはもちろんだが、青春時代に果敢にチャレンジして得たノウハウやテクニックが今も安心材料となって、各世代を駆り立てるキーワードになっている

■世帯主年齢階級別、1世帯当たり1ヶ月の支出金額（勤労者世帯）※円

	29歳以下	30～39歳	40～49歳	50～59歳	60～69歳	70歳以上
実収入	302,893	442,827	554,338	541,950	378,979	318,406
消費支出	192,454	265,179	332,877	335,495	301,967	239,670
食料	42,938	56,846	74,200	70,737	65,375	56,683
住居	31,672	30,576	18,588	18,508	23,785	31,190
光熱費・水道	8,209	16,047	20,716	20,904	19,465	16,467
家具・家事用品	4,198	7,470	9,925	10,127	9,264	8,113
被服及び履物	11,579	12,324	15,127	14,491	11,396	9,177
保健医療	5,645	9,265	11,122	11,011	12,879	14,268
交通・通信	33,828	45,722	47,796	45,950	33,168	19,379
教育	1,618	8,843	29,198	15,693	1,087	467
教養娯楽	26,168	31,739	36,779	30,102	27,815	21,356
その他の消費支出	26,599	46,348	69,426	97,972	97,732	62,569
諸雑費	11,147	16,935	20,421	23,882	21,114	23,302
こづかい（使途不明）	3,292	12,599	18,899	26,640	23,590	5,753
交際費	11,553	15,740	18,986	28,525	49,913	32,154
仕送り金	607	1,047	11,121	18,924	3,115	1,361

出所：総務省「平成17年　家計調査」

のではないだろうか。

昨今は、シックスポケッツ＋αの影響もあり、「消費の自由裁量獲得期」の低年齢化が確実に進んでいる。ハナコジュニア世代以降は、20歳前後よりも10代前半期に触れるファッションやカルチャーに左右される可能性が高いという点に留意する必要がある。また、マーケットでは、早婚・晩婚の2極化が進み、パラサイトシングルやニートなどの増加といった例に見られるように、これまでのようには年齢とライフステージがリンクしなくなっている。今後、親となる年齢がますます多様化していく中では、時代性や、年齢で共通していたはずの環境にも違いが見られてくるかもしれない。ハナコ世代に育てられたハナコジュニア世代と団塊ジュニア世代に育てられた子供とでは、たとえ同年代であったとしても、相違点が明らかに存在すると言えるだろう。

だからこそ、ライフステージだけでは見えてこない、「世代」という生活者の志向を形成している特徴を押さえておく必要性がますます強くなっているのではないだろうか。

第2章では弊社でベーシックに区分している8つの世代についてまとめている。

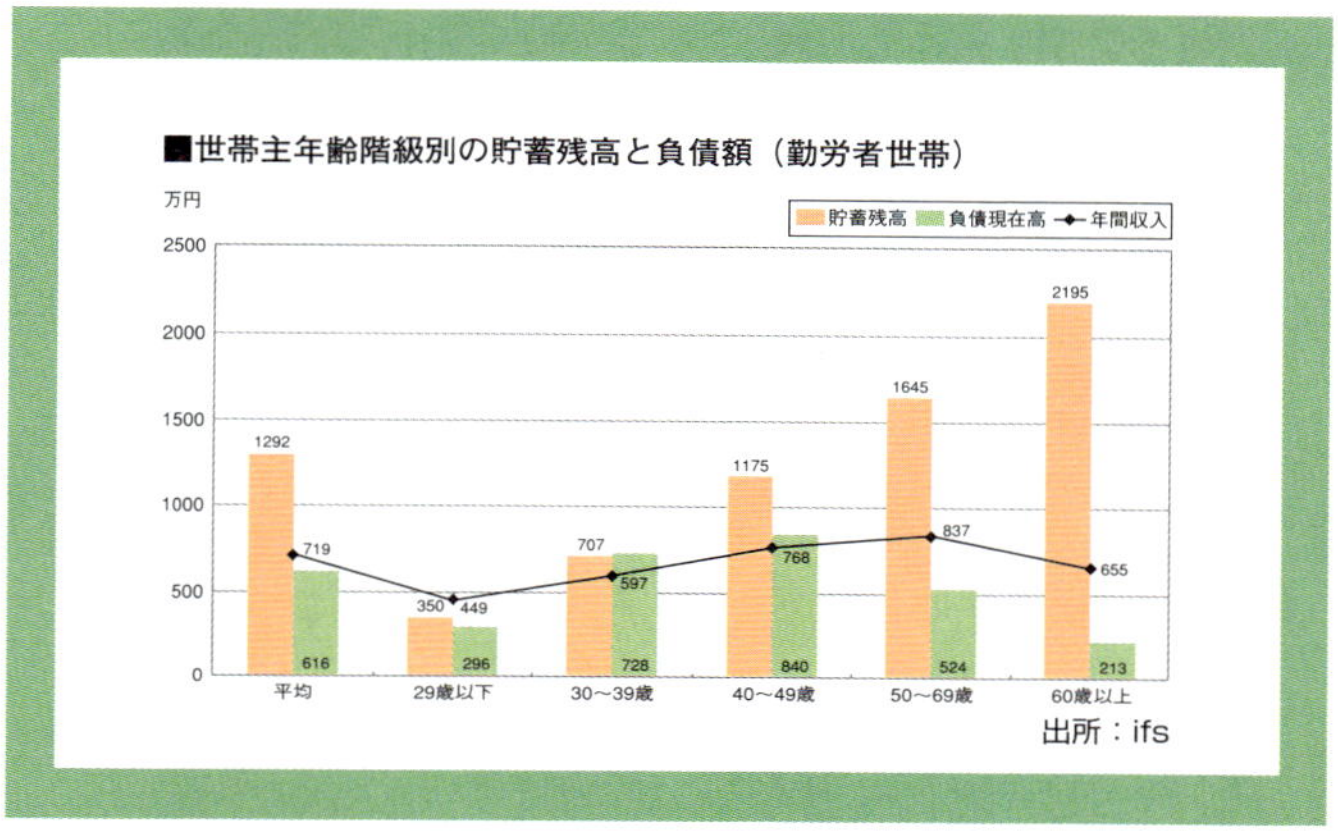

人生の終焉を視野に入れつつ今を楽しむキネマ世代、夫のリタイアなど第二の人生を考えるターニングポイントにある団塊世代、子育てが一段落し、〝個〟としての人生を再考し始めているDC洗礼世代・ハナコ世代・ばなな世代、結婚や子育てなどライフステージが変わりつつある団塊ジュニア世代、いつまでも〝旬〟を追うプリクラ世代、親であるハナコ世代のミーハー度合いを反面教師として堅実な面を見せるハナコジュニア世代。これら8つの世代について、各世代がそれぞれに影響を受けてきた歴史的な背景、ファッション・カルチャーから彼らの基本特徴を抜き出すとともに、その特徴から導き出される現在の生活志向や消費傾向について分析している。

オープンデータから見られる経済的背景を留意しつつこれまで一般的に論じられてきた世代論に加えてプレバブル世代としての団塊世代、DC洗礼世代、ハナコ世代、ばなな世代、団塊ジュニア世代の一部（35歳以上）、ポストバブル世代としての団塊ジュニア世代（34歳以下）、プリクラ世代、ハナコジュニア世代の特徴を読みとっていただきたい。（キネマ世代はその世代特徴からプレバブル世代には含めていない。ハナコジュニア世代は景気回復や親の影響によりポストバブル世代という枠だけではとらえきれないことに留意する必要がある。）

ifs 世代ポジションマップ

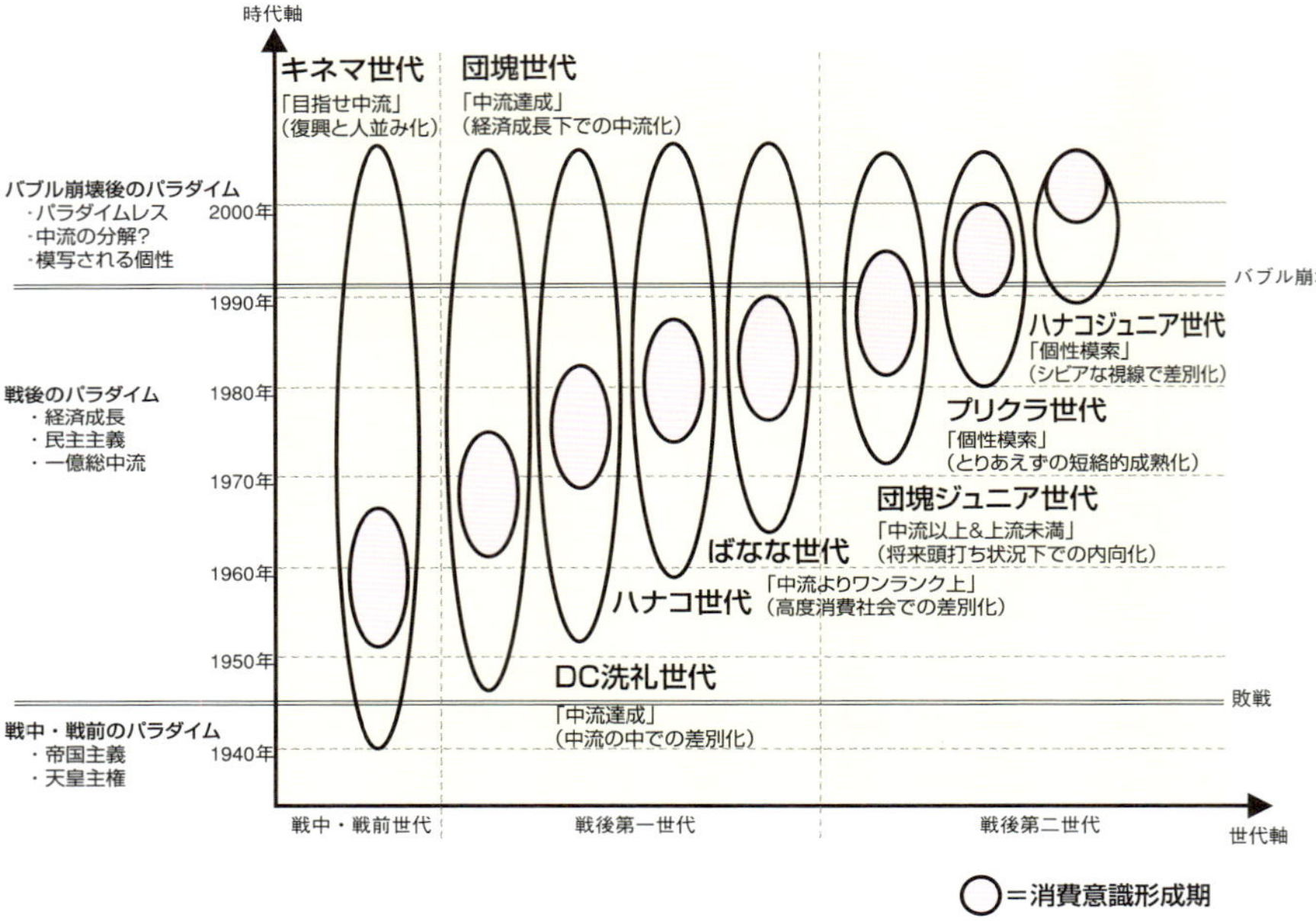

各世代の辿ってきた時代を簡単にあらわしたものである。

ピンクの円が各世代の消費意識形成期を示している。

10 代後半から 20 才前後の、

多くの情報と自由な時間、自由なお金、自由な判断力が手に入る

消費の自由裁量獲得期にあたる。

ここで見聞きしたモノ・コトの影響が

その後の生活者の志向を左右する。

下世代ほど消費意識形成期の年齢が若くなってきている。

ファッション世代消費論

8つの世代区分とその特徴

以下、各世代が過ごしてきた時代の年表とともに、ファッションやカルチャー、社会的な事件などが彼女たちの世代特徴、消費行動にどのように影響してきたかを見てみよう。本文中に掲載している記号、
●は各世代の基本特徴、
↓は基本特徴を踏まえたうえでの現在の特徴、
↑は現在の特徴に対するアプローチキーワード
をそれぞれあらわしている。

キネマ世代

戦前・戦中派

――旧来的価値観の持主たち――

■1936～45年生まれ（現63～72歳）／1540万人（男女比:735＋805）

1940	1950	1960	1970	1980	1990	2000	2010
		20代		40代		60代	
		学生	結婚　出産	子離れ		リタイア生活	

東京タワー完成　東京オリンピック開催　男女雇用機会均等法

岩戸景気　いざなぎ景気

バブル崩壊　リストラ

ケータイ　windows95

男尊女卑教育

女性は専業主婦

男性はモーレツ社員

真知子巻き

ヘップバーンスタイル

ミッチーブーム

六本木族・太陽族

歌声喫茶シネマ

◎「家庭画報」

◎「装苑」

◎「ドレスメーキング」

〈消費意識形成期に影響を受けたモノ・コト〉

・60代も半ばになり、70代が視野に入る。
　夫はほとんどがリタイア生活に入り、お互いに趣味を謳歌する日々を送っている。
・習い事やボランティア活動など、毎週・毎日決まったスケジュールをこなす。
　空白の曜日はあるが仲間とのおしゃべりなどで予定は埋まる。
・娘が近接居住しているケースも多く、孫との交流はひとつの刺激。
・貯蓄・年金生活の割り振り、終の棲家の在り方など今後の生活設計を改めて考え、
　情報収集している時期。

キネマ世代
（1936～45年生まれ）

「学び意識とボランティア精神のもと“今”を充実させる」

●戦前・戦中育ち

兄弟姉妹が多く、戦争中だった幼少期に疎開経験がある人もいる。また、男尊女卑教育を受けた最後の世代である。「お国のため」「他人のため」といった大和魂を身につけ、戦後のモノのない貧しい日本がどんどん発展を遂げていくのと同時に歩んできた、いわゆる一億総中流社会の担い手である。人並みであることがひとつの基準であり、「世間体」といった目線を気にしながら生きてきた。

「男子厨房に入らず」の世代でもあり、女性の多くは花嫁修業として、お茶、お華、お裁縫などを学び、良妻賢母になることが王道だった。

↓「自分のために」と「他人さまのために」↑〝役割〟意識を刺激する

妻として、母としてなど、誰かのために人生の大半を過ごしてきた人たち。夫がリタイアした今も、炊事や洗濯はもちろん、妻としての役割をまっとうしようという意識を持っている。ただ、「夫が毎日家にいる生活になり、一層制約が多くなる気がして生きがい大学に申し込んだ。夫にもなるべく外に出て欲しいので誘いがあれば断らないように仕向けている」など、お互いそれぞれの時間を作る努力をしている。

人生80年と考えればまだまだ先は長い。これまでは夫や子供が外の情報を持って帰ってきてくれたため家の中にいてもそれなりの刺激があった。しかし、夫も家にいる生活が中心になると、毎日が平坦になるばかりだという。自分の自由な時間は、息抜きの時間であると同時に刺激を受ける時間にもしたい。趣味の延長線上でボランティア活動をしている場合も少なくない。「大がかりなことはできないが、自分や家族の負担にならない程度に、人のためにできることがあるならば」など、決して積極的なスタートでなかったとしても「何かできることがあれば」という意識を根底に持っている世代である。

キネマ世代へのアプローチポイント。「他人の役に立つ」「役割がある」。

〝他人の役に立つ〟〝役割がある〟といったことが何をするにも原動力になる辺りにアプローチしたい。ただし、年齢的に無理はできないし、したくない。自分が刺激を受けながら、他人の役にも立っているといったバランスが必要になる。

●戦後窮乏生活と高度経済成長

戦中戦後の貧しい時代、食べ物すらなかなか手に入らなかった幼少期の経験から、「もったいない」意識が身についている人たち。モノは捨てられない、食べ物は残せない性分の人が少なくない。また、何かを学びたくても学べなかった青春期を過ごしている場合も多く、今でも学びに対する意識・意欲は高い。歌声喫茶、ダンスホール、映画などがレジャーの中心だった。倹約することに美徳を感じていた時代が長かった一方で、豊かになっていく日本の只中にいた人たちでもあり、制約が少なくなっていく下世代の自由さを羨ましいと思うことも多かった。

↓倹約意識を持ちながら、生活に刺激を取り込む ↑学び事と日々の彩り消費

50代に入った頃から、頭と身体の老化防止のために新しいことにチャレンジしている。場所は、カルチャーセンターや公民館など、いずれにしても地方自治体が運営するような機関を利用し、なるべく自宅近くで安くできることが長く続けられる秘訣になっている。習い事の内容としては、体操やダンス、コーラスなど身体に刺激を与えるものと、手芸やジャム作り、俳句や朗読など脳に刺激があることを両方やっているケースが多い。「ボケないためには何かをしないと」といった強迫観念すら持っているようだ。また、「生活に鮮度が欲しい」「何かを学びたい」という意識から、寿大学や生きがい大学などへ通う人も多い。運営側の意図としては、中高年の友達作りと地域ボランティアへの参画などを挙げているが、参加者の多くは、日常生活の変化を求めている。「ひとつ動くと色々つながって発展していく」といったように、新しいことを始めたことがきっかけで、パソコンへの興味が高まりインターネットを身近に感じるなど、諦めていた領域への学び意識が芽生えたりしている。

同じような目的意識を持つ人が集まることで、長年のご近所仲間とは

キネマ世代の消費目的は
「日々に彩りを添える」こと。

また違う新たな交流も誕生しやすいようだ。一方で、定期的に数人の仲間と行っていた旅行は、相変わらずレジャーの中心になっているが、それぞれ身体に故障が出始め、思うようには行けなくなっていたりする。そのため、旅行会社から四季折々に届くパンフレットなどを情報源に、夫などと自分のペースで行きやすい旅先をピックアップするようになってきた。いずれにしても、日々に彩りを添える消費を行うのがキネマ世代。学ぶことへの前向きさと、刺激が欲しいという思いを満たしてあげることがポイントになっている。

●戦後の助け合い精神

自分のことは自分でしながらも兄弟姉妹の面倒を見て、お互いに助け合ってきた人たち。両親の面倒を見るのも当たり前という考えが根づいている。ただ、「他人のために」という思いが強いのと同じくらい「他人には迷惑をかけたくない」という思いも強く持っている。お互いに助け合いながら窮乏生活から抜け出した世代であるため、頼る気持ちよりも自立することで他人の重荷にならないよう配慮する意識が高い。

↓快適な老後生活を考える
↑押し売りのない情報提供とクチコミなどの安心感が大切

「健康なくしては人生何も楽しめない」「無理をしない、ある程度決まったペースを守る」など自分の老いを実感する日々を送っている。生活価値観としては、これまで「他人のため」という思いが一番のウェイトを占めていたが、老後の生活が視野に入り始めた最近では、「他人に迷惑をかけない」という思いに移行し始めている。今は自力で生活することが一番のテーマであり、生活のリズムを崩さないために、外に出て人に会っておしゃべりをしたり、腹六分目の食生活を心がけるなど、自力で生活するための策は生活全般でとっている。また、「陽が入る一番良い部屋をリビングにしていたが、自分の今を快適にしなくてどうするの？　と友達に言われ、リフォーム。寝室をリビングの端に移した」と言う、キネマ世代のある女性は、この先を考えた時に、誰のためでもなく自分のためにという視点で家の中について改めて考え直したという。

その一方で、先々のことを考え行動に移し始めてもいる。老人ホーム探しやお墓探しがその一例だ。新聞やＴＶ番組で入手した情報を切り抜

「シニア」「シルバー」には
ピンとこないキネマ世代。

き、保管するのはもちろん、電話で問い合わせたり、子供にインターネットで調べてもらうなどして、実際に見に行ったりする。仲間とのおしゃべりの中でも、「○○さんが夫婦でホームに移って、そこからカルチャーセンターに来ている。いつ何があっても安心」などと話題にのぼる。周囲の行動も先を考えるきっかけになっている。この先夫婦お互いの介護があること、どちらかひとりが残ることなどを視野に入れながら、自分たちの生活スタイルに合った終の棲家を考えている。

「中高年」「60代」などと年齢的なアプローチがあると、自分に必要なことかもしれないと注目するきっかけになる。「シニア」「シルバー」と言われても誰のことかがピンとこないという。情報源は、新聞、ＴＶ番組が中心。後は信頼のおける友人のクチコミと実際に自分で見ることで判断する。いずれにしても、行動に移すには安心感が必須となる。

キネマ世代の
ファッション遍歴

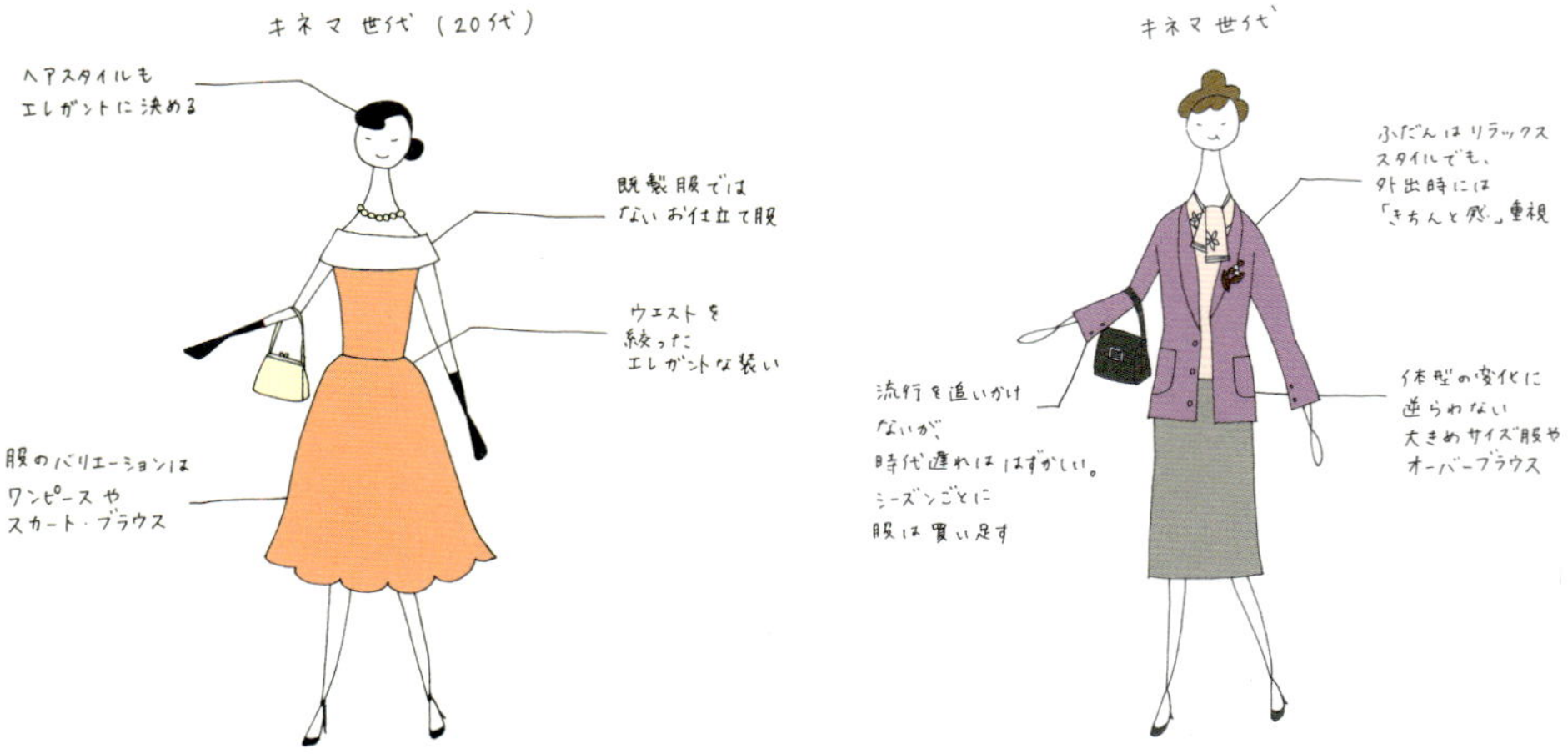
キネマ世代（20代）
ヘアスタイルも
エレガントに決める
既製服ではないお仕立て服
ウエストを
絞った
エレガントな装い
服のバリエーションは
ワンピースや
スカート・ブラウス
キネマ世代
ふだんはリラックス
スタイルでも、
外出時には
「きちんと感」重視
流行を追いかけ
ないが、
時代遅れははずかしい。
シーズンごとに
服は買い足す
体型の変化に
逆らわない
大きめサイズ服や
オーバーブラウス

既製服はほとんどないお仕立て服時代に
青春時代を過ごしたのがキネマ世代。
ファッションは何より
「身だしなみ」意識を大切にしている。
敷居を低くすることが
キネマ世代のとりこみにつながる。

●お仕立て服時代。服は何より「身だしなみ」意識

既製服はほとんどなく親や自分が作った手作り服や、店に頼むお仕立て服を着ていた人たち。アイテム的にはワンピースやブラウス、スカート。シルエット的には、オードリーヘップバーンが映画の中で着ていた、上はタイトでウエストを絞り、下はフレアーになっているものなど、エレガントな装いが多かった。一方で、美智子さまのご成婚が話題になったり、「君の名は」の真知子巻きがブームになるなど、女性は楚々として慎ましやかであることが良しとされ、外見的にも好感度を損なわないための、「身だしなみ」意識が高い。

↓ファッション、美容は、〝今〟を楽しむ最たるもの
↑意欲の後押し。敷居を低くする工夫がポイント

キネマ世代の「身だしなみ」意識は、醜いところを〝隠す〟という思いと、時代遅れのものは着られないといった思いにつながっている。しかも、奥ゆかしさこそが女性らしさという意識が根底にあるため、普段

はリラックスカジュアルスタイルにどっぷり浸かっていたとしても、ここぞという外出時にはやはり、「きちんと感」を忘れない人たちでもある。

醜いところを〝隠す〟とは、二の腕やお腹周りなど老化にともなう如何ともしがたい体型の変化には、あえて抵抗せずに大きめサイズやオーバーブラウス系を着る傾向にあるということ。同じ感覚で、時代遅れのものを着るのは恥ずかしいため、シーズンで服を買い足したいと思っていたりする。もちろん流行を追いかけ続けるといったものの買い方ではないが、ファッションが自分を楽しむ消費分野として再浮上している。ファッションが自分自身の老いをカバーし、世の中と調和させてくれるものになっているのかもしれない。また、美容に対する意識も高まっている。健康意識は当たり前の人たちだが、美容面では個人差がある。これまで自分に手をかけてきたか否かの違いがシミやシワの数で如実に現れてしまう年齢だけに、諦め派がいる一方で、改めて自分に手をかけることに目覚めている人も多い。ただ、昔ながらの「高いものを売りつけられそう」といった不信感と、「何が効果的か分からない」といった知識のなさでなかなか一歩を踏み出せないでいる。服などとは違って、美容商品はカウンセリングを必要とする部分が多いだけに、不安感を取り除くアプローチさえできれば伸びる分野になるだろう。

団塊世代
戦後価値観の持主

――アメリカンライフスタイルに憧れを持つ――

■1946～51年生まれ（現57～62歳）／1134万人（男女比：559＋575）

1950　1960　1970　1980　1990　2000　2010

20代　40代　60代

学生　就職　結婚　出産　子離れ　半リタイア

テレビ放送開始

東京オリンピック開催

いざなぎ景気

バブル崩壊　リストラ

ケータイ　windows95

学生運動　友達夫婦　ニューファミリー

男女平等教育

堺屋太一「団塊世代」命名（76）

アメリカンカジュアル

質素革命（Tシャツ＋ジーンズ）

ミニスカート、ベルボトム

みゆき族、アンノン族

アメリカン・カルチャー、ボーリングなど

ビートルズ

◎「an・an」◎「クロワッサン」

◎「non・no」

〈消費意識形成期に影響を受けたモノ・コト〉

・夫はリタイア目前もしくは半リタイア。

・子供は就職、結婚など独立し始めている。

一方で、パラサイトシングルやニートも多い。

・体力的にも環境的にも 60 代は今の延長。

生活が変わるのは 70 才を過ぎてからと考えている。

・田舎暮らしを望むのはほんの一握り。

やはり便利で好奇心を満たしてくれる都心の、駅近くの居住を希望。

団塊世代
（1946〜51年生まれ）

「ギアチェンジは70代、今は〝向若性＝気分は30代〟を消費する」

●戦後生まれ（第一次ベビーブーム世代）のアメリカンライフスタイル模倣

敗戦国の日本が、ある程度復興してきた頃に青春期を迎える。勝利国アメリカの文化を目の当たりにし、憧れを持って洗脳されていった。文字通り、人口の多さゆえに青春期から常に注目を集めてきた団塊世代は、そのライフステージの変化とともに、友達カップル、友達夫婦、ニューファミリーなどとネーミングをされてきた。厳格な親とそれに従う子供という旧来日本にあった家父長制度などへの反発から、アメリカのライフスタイルや自由さに惹かれ、友達のように楽しい親子関係を目指してきた結果だ。ただし、自立や個性という本来の価値観・大人の文化の享受には至らず、表層的な個人主義に留まってしまっていることは否めない。

↓相互依存親子を続行 ↑家族消費のきっかけと後押しを提供する

現在、団塊世代の子供の多くは20代となり、独立、就職、結婚といったライフステージにある。しかし、不況のため、就職がなかなか決まらない子供が多かったこともあり、「やりたいことをさせてあげたいし、あまり強くは言いたくなくて」「いざとなったらこの家は子供たちが住めばいい」など、パラサイトはもちろん、フリーターやニートにも寛大だ。

また、子供が結婚しようとも、孫ができようとも、ショッピングや外食、旅行をはじめ、誕生日やクリスマスなど仲良しが確認できるセレモニー消費を今もなお行っている家族が多い。親子消費というと、子供が親の経済的援助を請うという側面が強かったが、団塊世代の場合は、親本人も子供からの情報や連れて行かれる店や場所で〝若さ〟が得られることに満足、メリットを双方が感じている。

つまり、今の関係性は相互依存親子。これは、まさに友達親子を続けてきた結果生まれた親子関係だ。友達なのだから、結婚しようが子供が団塊世代の消費は相互依存親子関係による「家族消費」。

生まれようが関係ない。それまでと同様の付き合いを続けているに過ぎないのである。

●男女平等教育ゆえの役割分担

日本において、男女平等教育を受けた最初の世代。小学生にして男女が机を隣合わせての教育を受けたことから、学歴社会への女性の進出を促し、家庭内での男女平等論を実践してきたと言われている。ただし、この世代の女性の大学進学率はまだ低く、また就職したとしても、結婚を機に家庭に入り専業主婦になるというコースを辿った人が多い。夫は外で働き、妻は家庭を守るというスタンスは、キネマ世代とほぼ同様だったのだ。

ただし、根本的には団塊世代は男女平等発想ゆえ、夫が外で妻が家というスタイルが役割分担であるとお互いに理解し、尊重し合っている。キネマ世代夫婦の、妻は三歩下がって夫について行くといった関係ではない。もちろん結婚しても働き続けたり、子供の手が離れてからパートタイマーになる人もいるが、多くの団塊女性は、役割としての専業主婦を続けている人が多いのである。

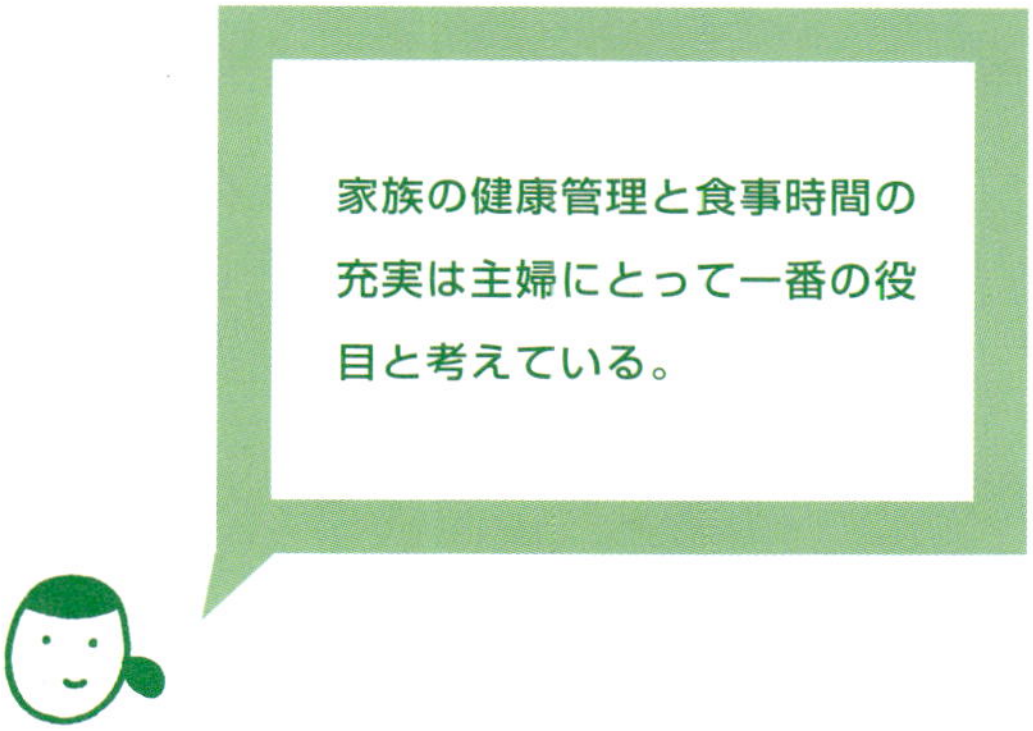
家族の健康管理と食事時間の充実は主婦にとって一番の役目と考えている。

→専業主婦肯定派　→主婦ならではの消費をとことん楽しませる

栗原はるみが団塊女性からの支持を集めているのは、料理上手ということはもちろんながら、主婦であることを肩書きとしていることにある。つまりこの世代にとって自分たちの代表、自分たちの代名詞になっているのだ。団塊世代のお宅を訪問すると調味料や調理器具がわんさかある。和洋中の基本的なものだけでなく、各国のスパイスも並んでいたりする。夫の海外出張や海外赴任、子供の海外留学という例も多く海外に対する敷居の低さは生活にかなり浸透している。料理教室で習った際に使った、知らない食材などへも果敢にチャレンジする。家族と楽しむ食事時間と健康の管理は、主婦にとっての一番の役目だと考えている。

インテリアなどへの関心も高く、リフォームのタイミングも機能面の衰えを補正したり、煤けたところを単に明るくするといったキネマ世代の発想ではなく、「気分がハワイアンなので」とか「ちょっとクラシックな感じにしたくて」など、気分的発想から行ったりする。家の中にいる時間が多いだけに、習い事などに関しても、自分だけが楽しむものというよりも、家族にも楽しんでもらえるものを考える。「娘から、結婚したら私もお母さんのような専業主婦になると言われた時は、『自分は間違っていなかった』、とちゃんと認められた気がしてうれしかった」など、いずれにしても、団塊女性にとって家庭内を充実させることが自分の役割＝仕事といった位置づけになっているのだ。子供が独立した今後もこの領域への消費は衰えそうにない。

●消費は美徳、新しいものは生活を豊かにする

日本の高度経済成長の歩みとともに、モノクロテレビからカラーテレビへ、二層式洗濯機から全自動へと電化製品の進化が、暮らしを豊かにしたという経験から、新商品は自分の生活を向上させてくれるものといった意識を持っている。敗戦国だった日本がどんどん復興していく中で青春時代を過ごした経験から、当時の右肩上がり目線がいまだ残っているのがプレバブル世代の特徴だ。

団塊世代は一億総中流で常に横並び意識を持ち、人に遅れないことを一番の目標とし、自分たちが日本をリードしてきたという自負もある。結婚したら家を持ち、車を買うというステップも一様に踏んできた人たちゆえ、世間で話題のモノ・コト、新商品や新機能への関心はどの世代

団塊世代にとって「消費は善」「消費は美徳」。

よりも高い。つまりは、「消費は善」「消費は美徳」といった思いが強く、キネマ世代の「倹約は美徳」「もったいない信奉」とは正反対の志向になる。

↓時代から遅れたくない。時代にキャッチアップし続けたい
↑時代のリーダー的自負をサポート

パラサイトする子供とともに、時代を吸収したいと思っている団塊世代。「シニア」なんて言葉はいつになっても自分たちには関係ないと思っている。60歳になったとしても、「還暦=赤いちゃんちゃんこ」などもってのほかだ。常に若くありたいという〝向若性〟を特徴に持つ。若者に迎合するという意味ではなく、時代の中心にいる30代の気分を常に持っていたいという願望が強い。上世代といるよりも、できれば若者たちが集まる場所に行きたいと思っている。

友達関係にあるのは子供たちだけでなく、パートや習い事で出会う年下世代だったりもする。「時間的にも経済的にも気を遣うことなく交遊できる仲間は30代や40代のシングル、ディンクス。介護問題や夫のリストラ問題など個々に異なる悩みを抱える同年代の仲間とは違って気兼ね

“向若性”の団塊世代には時代についていっていると思わせるサポートが必要。

がない」という声も聞く。話題の店にもすぐに足を運べるフットワークの軽さと大人として相談相手にもなるという関係がうれしいようだ。また、インターネットなども積極的に利用しているが、今はまだレシピや価格比較などの情報収集が中心。実際に購入するのは店頭でというケースが多い。旅行や特産物の申し込みも名の知れたメーカーものに限られている。ただ、子供や下世代の情報を得て、「ネットオークションもやってみたい」など、チャレンジ意欲は旺盛だ。

習い事に関しても、ひとつのことを長く続けるよりも、新しく話題になっていることに次々とトライすることを好んでいるようだ。道を究めて人に教えるというよりもいつまでも皆で一緒に楽しむ方にまわりたいといったところ。

〝個〟が立っているように言われる団塊世代だが、どちらかと言えば、人口の多い世代の特徴である保守、マス的志向が強い。世の中の動きとともに歩んでいきたい思いが強いだけに時代について行っていると思わせるサポートがますます必要になりそうだ。

団塊世代の ファッション遍歴

団塊世代（20代）
大きなサングラスに
つけまつげ
ベルボトムや
ミニスカートに
大きな花柄や
幾何学模様
厚底サンダルなど
インパクトのある
デザイン

団塊世代
髪型も服も
あくまでカジュアル
ラフさを大切に
しつつも、確かな
クオリティは
大事
若さが感じられる
要素を取り入れる
時代感に敏感。
今のシルエットや
アイテムを反映
ブランドには
あまりこだわらないが、
時代感は加味する

ミニスカートやジーンズをはいた団塊世代。
現在でもファッションのベースはアメリカンカジュアル。
気分は30代の団塊世代は
"若い" というキーワードに敏感に反応するが、
チープさは避けたいと思っている。

「エレガント」よりも「カジュアル」。

●アメリカンカジュアルスタイルがベース

戦後のアメリカへの憧れは、家族の在り方、住宅やインテリア構成、カルチャーやファッションなど、団塊世代の生活のすべてに影響を及ぼしている。特にファッションでは、ミニスカートに厚底サンダル、大きなサングラスにつけまつげといったものが主流で、キネマ世代の単なる身だしなみファッションとは一線を画していた。アメリカンカジュアルスタイルを楽しんだ20代の経験が、年を重ねた今もなおファッションへの興味の高さにつながっていると言えよう。また、オフタイムには家族でスポーツを楽しむ傾向がある。子供が小学生時代には、家族でテニススクールに通った経験があったり、冬はスキーになど家族レジャーにスポーツが多く登場する。

↓60歳になろうともエレガントよりカジュアル志向
↑何事にもラフさが必要だが、クオリティでカバーすることも必要

「『家庭画報』などの雑誌は、ライフステージ的にはターゲットかもしれないが、ファッション的にエレガント過ぎて自分のライフスタイルにしっくりこない」といった発言がある。髪型しかりお化粧法しかり、あくまでもカジュアルが主体の団塊世代にとっては、60歳になろうともそのスタイルは変えられない。ただし、加齢にともなう老化は日に日に進むため、カジュアルだからといってチープさは避けたい。となると確かなクオリティと微妙な色合いがますます必要になってくるのである。

いずれにしても団塊世代は、内面よりも外見の褒め言葉に弱いし、体型や〝今のきれい〟を維持しようとする意識がかなり強い。友達親子で過ごしてきた時間の長さが、若者たちとの距離感を縮め、常に比較する目を生み、〝老い〟への危機意識につながっているとも言えそうだ。

もちろん、自分たちが若者とまったく同等だとは思っていない。ただ、時代感を物語ってしまうファッションのシルエットやアイテムには敏感に反応し、サイズさえ合えば、たとえそれが若者をターゲットにしたブランドであっても積極的に取り入れていきたいと思っている。くびれたところはくびれて見せるファッション選びに余念がないのが団塊世代の特徴だ。

また、スキーやテニスはもちろん、接待からスタートした夫のゴルフ熱が高じて家族レジャーに浸透しているケースも少なくない。スポーツを続けている人は多く、若さを維持するために、シミやシワなどお肌のケアも外せないものになっている。サプリメントと日焼け止め、美白ケアはもちろん、「生まれた後にできたものは手術で取っても良いわよね?」などとレーザー治療やプチ整形への抵抗も低い。

DC洗礼世代
アンチ大勢
──個性表現が何より大事──

■1952～58年生まれ（現50～56歳）／1235万人（男女比：615＋620）

1950	1960	1970	1980	1990	2000	2010

20代　40代

学生　就職　結婚　出産　子離れ

東京オリンピック開催
いざなぎ景気

男女雇用機会均等法
バブル崩壊　リストラ
ケータイ　windows95

男女平等教育

シラケ世代

DCブランド（ヨウジヤマモト、コムデギャルソン、ニコル、ビギなど）
カラス族
ボロルック

ファッションビル
ツバキハウス　カフェ・バー
◎「an・an」
◎「high fashion」
◎「装苑」

〈消費意識形成期に影響を受けたモノ・コト〉

・子供は社会人になり始め、夫はリタイアを視野に入れつつ現役世代。

・夫の実家側に近接居住もしくは同居をしているケースが多い。
日常的な関わりの中で嫁姑問題が浮上する最後の世代と言えそうだ。

・結婚後も働き続けている人はいるが、大半は専業主婦に。
また、子離れ頃から､自分が自由に使えるお金を稼ぐ程度に働き始めていたりする。

・40代後半から体調不良など心身にさまざまな変化が起こっており、
自分との折り合いのつけ方が課題になっている。

DC洗礼世代
（1952〜58年生まれ）

「子供が独立しても軸足は家庭。自分を解き放つタイミングを図れずにいる」

●戦前・戦中派の両親に育てられる

結婚する前に働いていた経験はある。しかし、男尊女卑意識の強い戦前・戦中派の両親の教えにより、独身時代から、〝女性たるもの良妻賢母になることが当たり前〟と思っていた。個人差はあるが、お茶やお華、お料理など花嫁修業をしていた最後の世代と言えるだろう。まだ男女雇用機会均等法が施行されていなかった時代でもあり、結婚後は会社を辞めて専業主婦になっている場合が多い。

↓夫側実家と近接居住 ↑自分のことより家庭のこと

夫側近接居住もしくは、同居をする人が多い最後の世代なのではないだろうか。戦前・戦中派の両親に育てられていること、団塊世代のような男女平等を声高に叫んでいた世代を斜に見ていたこともあって、家族意識に関しては、舅・姑に対する義理立てや、女性が家のことは守るべきといった考えが根底にあるなど、保守的な特性が強く見られる世代と言えそうだ。特に夫の実家に同居している場合などは、「舅・姑を看取るまでは、大々的なリフォームもできない」「なかなか家から出づらいので、PTAの役員になった。子供が学校を卒業してからは、地域活動にその領域を拡げて出かける理由をつくっておく」など、舅・姑への遠慮から、子供が巣立った今も勝手な行動を起こせないでいる様子などもうかがえる。いずれにしても、自分のためだけに行うようなモノ・コトに関しては、大義名分が必要な世代のようだ。

また、「夫のお給料から自分のものを買うのに抵抗がある」というのもDC洗礼世代に多い発言。「自分のためだけにお金や時間を使うのが継続的であればなおさら」とも。結婚して辞めるまで、たとえそれが5

DC洗礼世代へのアプローチは「個」よりも「家庭」目線を強調。

～6年間であったとしても自分で働いた経験がある人にとっては、長年家のことはすべて自分で引き受けているにも関わらず、家計費を個人的に使うことにどこか引け目を感じてしまっていたりするのである。「家族」をベースにして人間関係を築くという、この一面はプレバブル世代の特徴とも言える。「働くにしても、お小遣い稼ぎくらい。家庭のことをおろそかにしてまでやりたいとは思わない」といった面もあり、ハナコ世代が子供の手が離れたと同時に、「個」としての自分の今後の在り方をすでに模索、もしくは行動し始めているのに対し、まだまだ軸足は家庭にあるのだ。DC洗礼世代にとって、家庭は自分が企業での仕事と引き換えに得た、何よりも大事な仕事の場所なのかもしれない。この状況はおそらく当分変わりそうになく、子離れしているとはいえ、「個」の時間をクローズアップするよりも家庭目線をより強調してあげる方が居心地が良いのではないだろうか。

●シラケ世代と言われる世代

人口の多さを武器に日本の若者文化を作り上げてきたという自負を持つ団塊世代のすぐ下に位置する、きわめて人口の少ない世代。学生運動などを率先して行い正義感を振りかざすような団塊世代の行動をどこか冷めた目線で眺めてきた人たちと言える。たとえ個々人の声は小さかったとしても、いつのまにか世論にまでしてしまう団塊世代。大勢の動きにはどこか反発心すら抱く節もある。

↓団体行動、マス嫌い ↑個々の姿勢を大切にする意識をサポート

DC洗礼世代には、いわゆるクールなタイプが多く、女性的な部分はもちろんあるが、どこか性別を超えた、人としての姿勢を問うような思考を持つ傾向にある。生活価値観的には古いしきたりから抜けられない部分も多分にあるが、ひとつ前の世代である団塊世代のような大勢の動きに反発心さえ感じてしまうDC洗礼世代は、前述したように、マス層を斜に見ながら「個性」というものを日々意識してきた人たちでもある

のだ。その行動の有り様やモノ選びの視点には、マスとは違うちょっと変わったモノを嗜好する傾向が見られる。「キッチンは明るくしたくて黄色にした。娘に相談したが、お母さんはどうせ自分で決めるのでしょと突き返された。確かにそう。自分のテリトリーに関しては、誰になんと言われようとも自分を貫く」という女性もいる。また、上の団塊世代でさえ、「シワやシミを取りたい」と何のためらいもなく言ってしまう世の中にあって、「娘がエステに大枚をはたいている姿を見ると、バカじゃないかと思う。まだ若くてピチピチしているのに、何でなんだろう」など、時流的には今や当たり前になっていると思われるようなモノ・コト消費に対しても、自分の意思を持った行動をとり続けていたりするのである。決して美容に関心がないわけではないが、世の中に左右されず、自分に合った方法を見つけるのだ。「50代に入った時がターニングポイントだった。体調が思わしくない時期は何かと暗く考えがちだが、自分を受け入れ、自分にもモノ・コトにも前向きに向き合える姿勢が大切になる」など、あらゆる面で個人差があって当然と思っている。それに対応していく姿勢をサポートすることが重要になる。

●ファッションビルの登場

ＤＣ洗礼世代の青春期には、音楽がガンガンに響き渡り、皆でわいわい賑やかに楽しむそれまでのカルチャーシーンの中心だったゴーゴー喫茶などから、もの静かなカフェ・バーが出てきた時代。つまり、当時流行りのイタリアン・ポストモダンによるおしゃれな空間で、静かにグラスを傾けるような、どこか気取ったスタイルを楽しんだ最初の世代であったと言える。「渋谷パルコ」や「ラフォーレ原宿」などファッションビルも相次いでオープンした時代であり、空間デザイナーやコピーライターなど横文字の職業がどんどん登場してきた。

↓マニアックさに惹かれる
↑確固としたスタイルのあるモノ・コトを提供する

「○○が今流行っているから」といって、飛びつくタイプではない。もちろん、話題のスポットも気になるが、自分で率先して行くというよりも「誰か一緒に行く人がいれば」などと、世の中の話題に対する優先

確立されたスタイルのあるモノ・コトをカッコいいとする。

順位は比較的低い。それよりも、「昔、ジャズピアノを習っていたので、そろそろヤマハ大人の音楽教室で、ボーカルコースに行きたい」など、音楽や観劇といった趣味の領域でも一種独特のカルチャーを今も嗜好している。それまでには無かった形式・形態の空間や施設が登場し、コピーライターやファッションデザイナーなど新しいスタイルの職業が次々に生み出される時代を多感な20歳前後で過ごしたことが、本流とは異なる路線を志向させたのではないだろうか。家庭を彩るガーデニングにしても、全方位で季節の花を楽しむというスタンスではなく、「バラに凝っている。クリスマスローズが好き」など、周囲がどうあっても自分の好みを追求する傾向にある。ガーデニングの道具にしても同様、機能だけでなく、道具としての機能美などセンスが一体のものを選びたいと思っている。また、「娘とは趣味がまったく違うから」など、子供との距離感を縮めるための消費に走らないのも特徴と言えそうだ。もちろん、もともと趣味・嗜好が合えば別だが、お互い個々の人格を尊重するスタンスを良しとし、それぞれ自分の領域があるとして割り切っている。彼女たちがカッコいいと思えるスタイルは世の中の流れに左右されないもの。確立されたスタイルのあるモノ・コトと言えそうだ。

DC洗礼世代の
ファッション遍歴

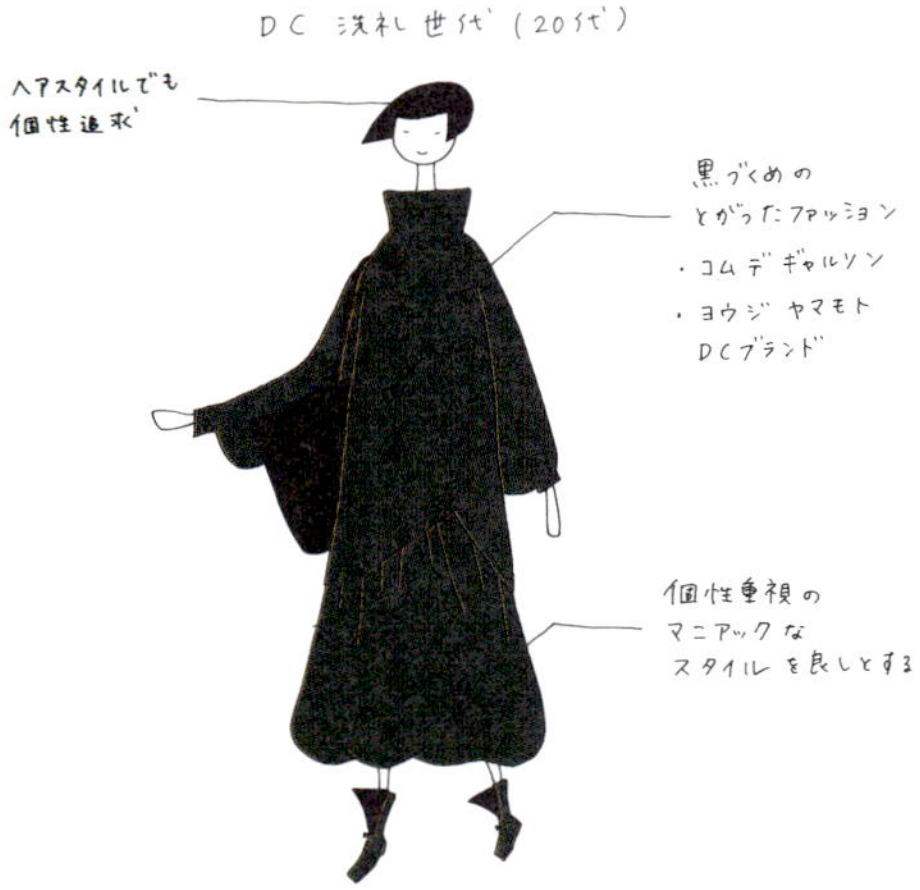

DCブランド開花期に青春を迎えたDC洗礼世代。
「カラス族」と呼ばれ、
前衛的なファッションに身を包んでいた。
現在でも一見シンプルに見えるような装いの中に
自分なりのアクセントを加えた
ファッションを好む。

●DCブランドのはしり「カラス族」

ヨウジヤマモト、コムデギャルソンのデビュー当時に20歳前後だったDC洗礼世代。それまでの世代にとってファッションと言えば、メーカー名であり、アイテムであり、アメリカンなど産地別のとらえ方であった。しかし、DC洗礼世代の青春時代には、ブランド名、しかもデザイナーの名前のついた日本のブランドが登場し、パリに進出していった。彼らの服を着た、全身黒づくめのとがった人たちは「カラス族」と呼ばれるなど、ファッションにおいてもマニアックなスタイルを良しとする風潮の中にいた。もちろん、全員が「カラス族」になっていたわけではない。ただ、その人たちを傍らで見てきたことで、「人と同じじゃなくて良い」といった刷り込みがなされたと言える。

↓自分スタイルを確立 ↑人とは違う、個性が必要

「流行も自分のスタイルに合っているものなら取り入れる。どうせ寿命が短いからなるべく安いものを探して。でも、今年流行のフリフリや

「甘さ」よりも「クール」。
自らが引立つものを好む。

ふわっとしたチュニックなどには、まったく興味がなかった」など、自分スタイルを確立させているだけに、買うか否かの判断基準も明確に持っている。「なぜか黒を選んでしまう。セーターなどもごくシンプルなものが好き。ただ、カラーでトリミングされていたり、ちょっとした刺繍が入っているなど、単なるシンプルよりもどこかにアクセントは欲しい」といったように、アクセサリーなどをうまく使いながら華美にはならずともシンプルだけに留めないのも特徴だ。いずれにしても、甘さよりもクール、女性を売りにしたファッションよりも、自分が引立つもの、どこか人とは違う個性的なものを好む人たちと言える。宝飾品やバッグなどは、少々高くても名のあるものを買っている様子。しかし、「ブランド名が極力目立たないものを選ぶ」など、自分のスタイルを邪魔しないことがポイントだ。一方で、「できればもう何も買わない生活がしたい。量より質、長く着られるものに惹かれる」など、生活スタイルも削ぎ落とし傾向にある。

その反面、化粧品に関しては「季節でファンデーションを変えている」など、昔の刷り込みを今も守ってケアしていたりする。また、「百貨店の化粧品売場は美容部員に売りつけられそうで怖くて行けない」など、ここにも昔の刷り込みが残る。ただ、「ネイルなどはドラッグストアブランドよりも、ディオールなどのブランドの方が大人の色目が選べるから百貨店で買う。ネイルは見た目で選べるので美容部員に近寄られずに済む」など、微妙な自分の好みを満たすモノへのアプローチは怠らない人たちでもある。

ハナコ世代
ヨーロッパへの憧れ強し
——おしゃれなワンランク上の生活を追う——

■1959〜64年生まれ（現44〜49歳）／909万人（男女比：456＋453）

1960	1970	1980	1990	2000	2010
		20代		40代	

学生　就職　結婚　出産　子離れ・個人返り

札幌オリンピック　共通一次試験　バブル崩壊
男女雇用機会均等法
育児休業法成立
ケータイ　windows95

女子大生ブーム（オールナイトフジ）
ハマトラブーム　社会人（おやじギャル／ゴルフ、お酒）
ワンレン・ボディコン（ピンキー&ダイアン）
イタリアンブランド・ブーム（アルマーニ、ベルサーチ、フェラガモ）
ディスコ
サークル（テニス、スキー、サーフィン）
◎「JJ」　海外旅行
◎「Can Can」　◎「Hanako」
◎「25ans」

〈消費意識形成期に影響を受けたモノ・コト〉

・子供の年齢は小学生から大学生と幅広い。
・専業主婦の場合は、子育てが仕事にとって変わっていたが、
現在は、子離れと同時に社会復帰を見据えた準備・活動を日々行っていたりする。
・シングルの場合は、男女平等とは言え、年下男性社員の昇格などを目にし
会社での自分の位置づけに不安を感じつつある。
改めて仕事に生きるか、結婚の道を探すか、自分の居場所探しを始める時期。
・40 代半ば。人生の折り返し年齢を意識し始めている。

ハナコ世代
(1959〜64年生まれ)

「社会への復帰に意欲的バブル消費の申し子」

●女子大生ブーム・女性視点ニーズの高まりを経験

大学キャンパスでのミスコンブーム、オールナイトフジやファッション雑誌の女子大生モデル起用など、女子大生が注目される時代に青春を謳歌してきたハナコ世代。ちょっとかわいければ、ちょっとスタイルがよければタレントになれるといった、一億総タレント化の走りを見てきた世代である。

また、20代半ばに男女雇用機会均等法が施行され、その後、各メーカーの商品企画部などにハナコ世代が参入。〝女性の視点〟を売りにした商品開発を展開したりもした。社会的にも女性の可能性を期待され、主役として注目を浴びた経験を持つ。

↓自分が〝主役〟意識を継続
↑母でも妻でもない、ひとりの女性としてとらえることが有効

結婚しても、子供を産んでも、働いていても、個（女）・妻・母をすべて同じレベルでこなしたいと思ってきたハナコ世代。結婚後はなるべく妻側の実家に近接居住することで、時間的なサポートをしてもらえる環境も整えてきた。そうは言っても現実的には妻および母という立場を軸足にせざるを得ない生活であったことは否めず、個のウェイトは決して高くはなかったと思われる。

ただ、その間も、子供の行事を最大限に活用。大学時代のサークル活動のように、2～3家族でレジャーをすることで、大人の自分も楽しめるように工夫するなど、決して子供だけに振り回されないことが特徴だ。たとえば子供の短期留学の際にも、夫を日本において2週間くらい一緒に留学してしまう。子供がひとりじゃ可哀想という口実のもと自分の好奇心を満たしに行くのである。PTAでは、「将来何になる？」「○○君がカッコいいわよね」などと母親同士が、自分を主語に語り合

ハナコ世代の主語は自分。
母でも妻でもない「女性」
としての意識で消費する。

う。娘との共通の話題も、追いかけ続けてきたジャニーズや、今流行りのタレント・モデルの話などが多い。自分自身がファンクラブの会員でもあり、娘と一緒にライブに行けることがうれしかったりするのだ。

現在、ハナコ世代のライフステージは、ようやく子供から手が離れるタイミングにあり、改めて自分が主役の生活を謳歌し始めようとしている。消費の自由裁量獲得期に、時代の主役として過ごした経験のあるハナコ世代ゆえに、再び自由になった今、特に、女性としての存在意義を見出したいと思っているに違いない。

●男女雇用機会均等法でキャリアウーマン志向が芽生える

20代半ばにして、男女雇用機会均等法が施行され、総合職という名のもと、男性と変わらない労働条件、職種を得られる時代を経験してきた。キャリアウーマンという言葉を実践していたのもこの世代。ゴルフや居酒屋などそれまで男性の領域だったエリアにも堂々と進出し、「おやじギャル」といった呼び名までつけられた。

結婚してもなかなか子供は作らず、豊かなカップルスタイルを謳歌するディンクスとしても注目を浴び、子供ができる頃には、育児休業法も整備され、産後も働き続けられる環境は整っていた。しかし、仕事と家事の完全なる両立をしてきた人は少ないのが現状だ。

↓「逆転の人生」宣言 ↑活躍の場を設定してあげる

会社で期待されながら働いた経験のあるハナコ世代にとっては、社会的位置づけの明確化は非常に大切なモチベーションになる。結婚して家庭に入った人の場合は、子供関連のモノ・コトをまるで自分の評価を得られるバロメーターのようにとらえ、取り組んできた人が多い。例えばそれがお受験だったりするわけだ。またＰＴＡなどの役員も積極的に引き受け、まるで会社組織のようにシステマティックに運営していたりする。「バザーの売り上げが去年より良くて。自分が役員になってやった甲斐がありました」など、評価軸も企業寄りだ。いずれにしても、20代の活躍期があればこそのスタンスであり、今置かれている環境の中で、自分の成果が認められるモノ・コトにチャレンジし、他人から評価される場を自ら設定していくのである。「１９９５年頃に、独身で働き続けていた友達からもらった年賀状にメールアドレスが記載されていて、『一体何のこと？』と専業主婦友達と焦ったのを覚えています」とは、その後すぐに夫にねだってパソコンを購入し、HPを立上げ、翌年の年賀状には間に合わせたという人の談。時代に遅れる自分などありえないと思っていたりするのである。

また、「頑張ったら頑張った分だけ報われる」という基本価値観のプレバブル世代ゆえ、何事にも努力を惜しまないのもハナコ世代の特徴と言えよう。子供の手が離れ始めた昨今、パートタイマーやネットを使った在宅勤務などから少しずつ社会復帰をし始めたりしている。「これからが逆転の人生です」と宣言したハナコ世代のある女性は、60歳まで正社員として働き続けられる会社を探したいと意気込む。

●高度経済成長ド真ん中・バブル景気を謳歌

大学生から「Hanako」を片手にバブル景気を謳歌できたハナコ世代。日本経済最盛期と20代の青春期が重なり、お互いのエネルギーがもっとも相関した世代と言えよう。女性は会社の先輩や上司に連れられ高級レストランやバーを梯子する毎日。同年代の男性はアッシー君、メッシー君として扱われるなど、女性上位の時代の幕開けだった。夏はテニス、冬はスキーといったサークル活動延長のレジャーシーンではアッシ消費が生きるエネルギー。
「ミーハー消費」の継続。

ー君の車で移動するのは当たり前だった。衣食住遊知全分野にわたって、これまでに見たこともないブランドやカルチャーが輸入された時代。ディスコ全盛期でもあり活気に溢れかえっていた。海外旅行に最低年1回は行く生活など、彼女たちは新しいものに触れる刺激や楽しさを消費で大いに取り入れたのである。

↓化石化したくない、消費が生きるエネルギー源
↑消費で得する感覚、エネルギッシュで前向きな自分を感じさせてあげる

自らをミーハーと称し、世の中の話題をつまみ食いしてきたハナコ世代。「年に1回の海外旅行」という結婚条件に始まり、ライフステージがどんなに変わろうとも自分の趣味や生活に鮮度を入れるためのミーハー消費を継続させているなど、消費で気分を向上させていたいプレバブル世代の特徴があらわれている。また、マニュアルが必要な人たちだけに、「Very」や「Story」などハナコ世代を狙った雑誌が次々と創刊され、2年後にはいよいよ50代に入る彼女たちのためにさまざまな仕掛けが各分野で準備されているようだ。

ただ、今現在は住宅ローンや教育費（子供を私学に入れている場合が多

い）にまだまだお金のかかる時期だけに、節約意識が少なからずあり、メリハリをつけながら自分を満たす消費を謳歌しているようだ。例えば、有名シェフご御用達の調味料は少々高くてもネットで注文、調理器具などもルクルーゼを揃えるなど、ブランド信奉は変わらず持っている。食材は国産ものを選びながらも安く抑え、調理時間も短縮させて効率よく家事をこなすことにも積極的だ。手間のかかる家事などの軽減サービスは大いに利用したいという。「どうせならプロにきっちりきれいに片付けてもらいたい。年1回、部屋はもちろん、換気扇や洗濯機の掃除を頼む」と言うハナコ世代もいる。また、「新しいもの好きなので、できるだけ話題のショップやレストランに行きたいが、都内まで出る時間が惜しい。できるだけ地元にそういうお店ができて欲しい」とわがままも言う。新しいモノ・コトへの積極行動は類稀であろう。

ハナコ世代の
ファッション遍歴

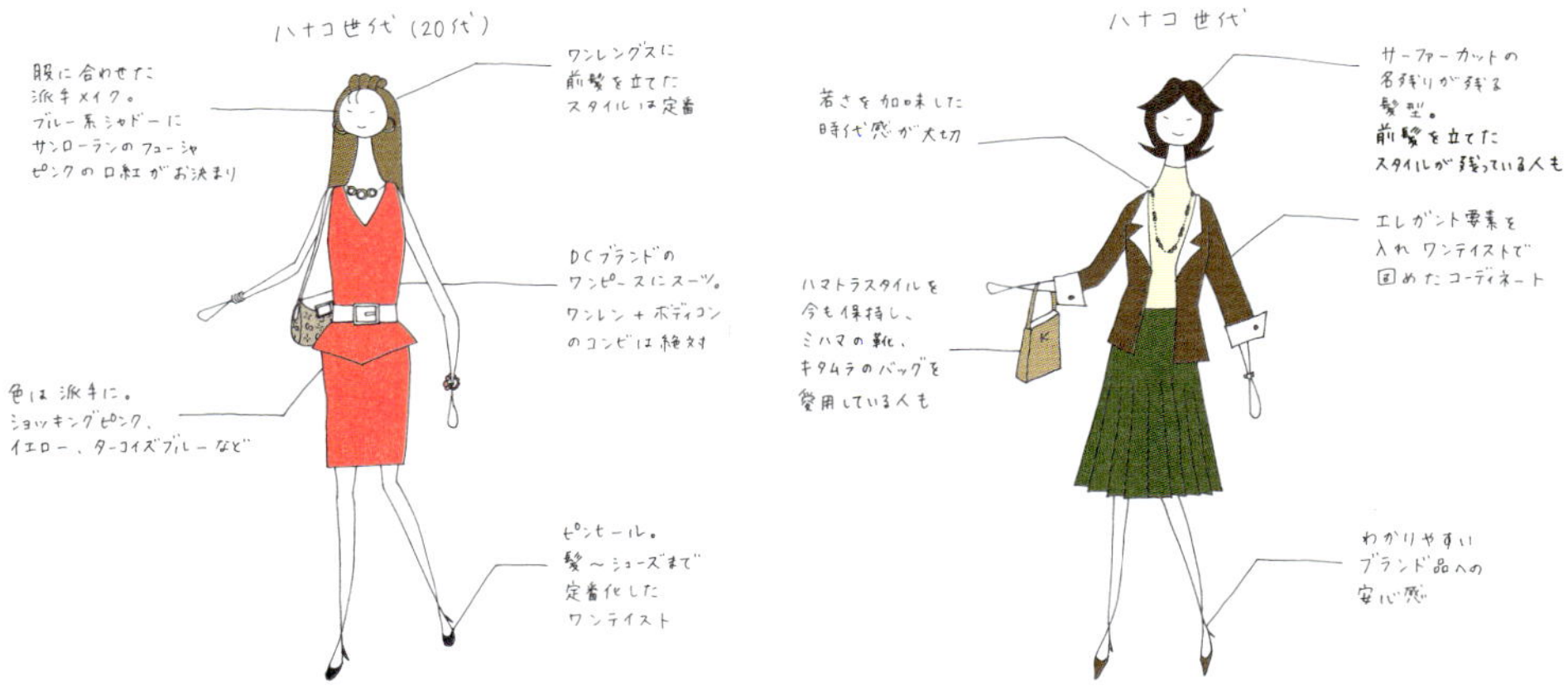

バブル景気を謳歌したハナコ世代。

ワンレン+ボディコンの

ワンテイストファッションがベースであり、

現在も決まったパターン、テイストから抜けきれないでいる。

青春時代に味わったファッション経験を

今も思い出させてくれるブランドものに惹かれる。

●ハマトラブーム、ワンレン＋ボディコンでスタイル確立

大学生時代のハマトラブームでは、フクゾーのポロシャツにミハマの靴、サーファーカットでキャンパスを闊歩していたハナコ世代。社会人になり、イタリアンブランドやDCブランドのボディコンシャスなワンピースやスーツに移り変わりながらも、ワンレングスで前髪を立てたヘアスタイルにピンヒールなど、ブランドやテイストだけでなく、髪型や合わせる靴までも決まっていたファッションスタイルを享受してきた人たちである。色もショッキングピンクやターコイズブルー、イエローに金釦など派手なものが多く、メイクもそれに合う色目を使用。ブルー系アイシャドーとイヴサンローランのフューシャピンクの口紅もお決まりだった。美容液も一品あればそれで良しと言われた時代に育ち、プレバブル世代特有のいわゆるマニュアル的なこの感覚は、ファッションをとらえる視点でも外すことはできない。

↓決まったパターン、テイストから抜けきれない
↑若さを加味しつつ、過去の安心感はベースに残す

ハナコ世代のファッションは今もエレガント要素を取り入れ、ワンテイストで固めたコーディネートが目立つ。今でこそワンレン＋ボディコンスタイルは見なくなったものの、サーファーカット風髪型やミハマの靴に愛着を持ち、キタムラのバッグを持つ人も見受けられる。中でも専業主婦になってファッション情報に疎くなった時間が長ければ長いほど、青春期のインパクトの強いファッションから抜け出せないと言えそうだ。特にＰＴＡなどでは、ハマトラスタイルは好感度も高く、無難な服装として位置づけられている。

ただ、今後は子供関連以外に新たな生活シーンが増えてくることは間違いなく、自分を表現するファッションを改めて探し始めるのではないだろうか。「おしゃれでありたい」という意識は非常に高い人たちだ。体型を維持するために歯の矯正を考えたり、美肌を維持するために1本で効果のある美容液にはお金をかける。「正直上世代は見ていない。若い世代から刺激をもらいたい」と常々思っているのである。

「おしゃれ」でありたい意識が高い。

ファッションにおいても若さを加味した時代感は当然必要になってくる。しかし、ハナコ世代に刷り込まれた、ブランド名から受けるイメージの他に、パターン化されるという安心感は外すことはできないと思われる。また、老眼鏡など、加齢にともなう必需品は今後ますます増えてくる。しかし、「既成の老眼鏡でかけたいものがなかったのでセミオーダーした」などといったように既存のものでは納得できないのは目に見えている。ワンテイストや型にはまることに安心感を覚えるプレバブル世代ではあるが、自分たちのライフステージが変わるたびに新しい雑誌が創刊されてきたのと同様に、今後も自分たちが主役として似合うモノ・コトの提供を期待している。

ばなな世代
キャラクターズブランド育ち
——モノよりコト消費を謳歌——

■1965〜70年生まれ（現38〜43歳）／982万人（男女比:496＋486）

1960	1970	1980	1990	2000	2010
		20代		40代	
		学生　就職	結婚　出産		子離れ・個人返り
いざなぎ景気	大阪万博	オイルショック	バブル崩壊 男女雇用機会均等法 育児休業法成立 ケータイ　windows95		
		オリーブファッション（バツ、スクープ、ドゥファミリーなど） DCブランド（ロペ、ピンキー&ダイアン、クリスティーヌなど） 文化屋雑貨 ディスコ サークル（テニス、スキー、サーフィン） 海外旅行、ダイビング、ゴルフ ◎「olive」 ◎「JJ」◎「Can Can」◎「25ans」			

〈消費意識形成期に影響を受けたモノ・コト〉

・パラサイトシングル、キャリア、ディンクス、有職主婦、専業主婦などライフステージもさまざま。バツイチといった言葉も決して珍しくない有職の場合、無理をしてまでがむしゃらに働きたいとは思っておらず、今の状況に合わせて調整するといった感じだ。

・結婚後は妻側近接居住が多く、なにかと実家と往き来する。

・シングルの場合、結婚相手を真剣に探す、ボランティア活動を始めるなど、他人の役に立つ自分の役割が欲しいと考えている。

ばなな世代
（1965〜70年生まれ）

「ライフステージばらばら世代。自分のペースで邁進するのみ」

●旧来価値とバブル価値の交差点を通過

就職したくてもできなかった団塊ジュニア世代に比べ、ばなな世代は青田刈りが堂々と行われていた売り手市場の経済環境下で社会人デビューをしている。一方で、結婚したら会社を辞めて子育てをしながら家庭を守るといった、従来の女性の歩む道筋も残っていた。つまり、仕事をするも良し、結婚して辞めるも良し、そのまま続けるも良しという環境のもと、女性の生き方にも多様な選択肢ができてきた世代である。

↓キャリアあり、専業主婦あり。ライフステージばらばら世代の幕開け
↑異なるライフステージに向けたアプローチ方法が重要

ばなな世代の就職活動は、男女雇用機会均等法が施行され、一流企業の総合職の門戸が女性にも開かれた時代に行われた。ただ、「良いダンナをつかまえて幸せな家庭を築く」といった従来の女性の価値観がまだ主流でもあったため、社内で結婚相手を見つけて、寿退社をする人も少なくなかった。「クリスマスケーキ」と称して女性の賞味期限（適齢期）を例えるような風潮も当時はまだまだ残っていた頃である。その一方で、「いつかは結婚するつもりだけど、今は仕事が楽しい」などと、結婚とキャリアのどちらかを積極的に選択したわけでもなくそのまま仕事を続け、気がつけば今もなおシングルという人もまた少なくなかったりする。社会人になっても居心地の良い実家から出ないパラサイトシングルもばなな世代以下から増える傾向にある。

しかし早い人ですでに40代頭、30代後半にさしかかった今、身体的な変化もともない、ふと自分の足元を見直す時期に来ているのが現実だ。シングル、ディンクスの場合は、出産年齢のタイムリミットが頭を横切

り、結婚、出産の選択を余儀なくされているとともに、男社会の価値観の残る世間の中で「自分」の役割を改めて考えさせられている。ボランティアなどの活動を考え始めるのもこの時期。「子供を育てる」という女性の持つ母性が「他人のために何かをする」ことに向かわせていると言えそうだ。また、既婚・子ありの場合は、子育てが一段落し、「自分」を改めて考えるタイミングになっている。いずれにしてもライフステージの変わり目であり、消費分野にも大きな変化をもたらしそうだ。

ただ、女性としてさまざまな生き方・働き方が認められたばなな世代は、それぞれのライフステージが大きく異なるだけに、モノ・コト・サービスの提供においてはアプローチの仕方がかなり重要になるだろう。

●バブル景気の純粋培養ではない

ばなな世代はバブルの恩恵を受けているものの、それがしぼんでいく社会も20代で目の当たりにしたため、自分の立ち位置を確認しながらモノ・コトを考えるスタンスを身につけている。その点が、華やかな社会の中で華やかな自分を謳歌した時間の長いバブル純粋培養ハナコ世代と大きく異なる点である。ハナコ世代領域に片足を突っ込んでいるため好奇心旺盛な一面を持ち合わせていたりもするが、その好奇心の趣くままに実際に冒険するまでには至らない。どこか抑え目な特性があるのは、景気が悪くなる世の中のモノサシを片方で持たされたことに起因しているのだろう。

↓割り切りバランス重視 ↑気負いは禁物。自然な流れを作り出す

バブル景気とバブル崩壊の両方を見てきたこともあり、同じように高度経済成長の只中で20代を謳歌しきったハナコ世代の、どこまでも前向きなパワーを放つ生活とは比べものにならないほど地に足着いた生活を志向している。会社の上司と飲み会やゴルフに行った最後の世代でもあるが、「おやじギャル」と名づけられながら肩パットの入った服を着て男性社員と肩を並べて頑張るハナコ世代からは一歩引いた立ち位置で、気負わないことを善としてきたのがばなな世代だ。今もなお、置かれているライフステージの中で、自分と向き合い、無理することなくバランスのとれた生活をしたいと思っている。たとえば、専業主婦になってしばらくたったばなな世代が、子離れとともに社会復帰を考える場合も、「子供の熱が出たら誰かに迷惑をかけるかもしれないから……」と、不

気負わない。
自然な流れで生活を楽しむ。

安材料を抱えたままで動き出せなかったりするのである。「自分は○○がしたいから、何が何でも環境を変えてやる」といった個を主張しがちなハナコ世代に比べると、「自分が必要とされている環境で、今やれることをきちんとする」といった割り切った考え方をベースに持つ。「実家に子供を預けて、遊びにいっても、結局は子供のことを気にしながら時間が過ぎていく。それは全然楽しくない。自由に遊びに行けるまでこの生活にどっぷり浸かってやれと思っている」など、自分のために誰かに負担をかけることにはどこか抵抗を感じているのだ。

もちろんやりたいことは多岐にわたって持っている。新商品・話題の店などの情報もクチコミですぐに入ってくる。しかし、実際に行動するか否かに関しては自分が現在置かれているライフステージによって判断する。何事も一拍おいて見極め、諦めることもできるのだ。働いている場合は、オン・オフのメリハリをつけたいと思っている。どちらも諦めないと気負うのではなく、どちらも無理をしないでできることを選択する。自然な流れで生活を楽しむ方法を常に考えていることに留意したい。

●モノ消費消化後のシビアな目線

学生時代から豊かな生活をしてきたこともあって、モノで他人との差別化を図らなくなった最初の世代と思われる。学生時代、バブルの恩恵からアルバイトの稼ぎも良く、好きなブランドものを買い、大学の卒業旅行も海外が当たり前になっていた。ハナコ世代が好む都市型海外旅行に比べ、20代でダイビングが流行ったことも大きかったと思われるが、アジアンリゾートへのデビューも早かった。そこでは、モノ消費というよりもエステやマッサージなどコト消費も謳歌する。決して高くはないリゾート価格も知ったこと、バブル景気崩壊に遭遇したことで、価格意識にも目覚めていった。

↑パラサイト感覚の堅実消費
↓バブル消費の楽しい気分を残しつつ、現実生活をサポート

モノが豊富な生活をしてきたことで、ハナコ世代までが行ってきた他人目線でのモノ選びではなく、自分目線でのモノ選びを行う。つまり差

自分らしさに重きを置いた自分目線でのモノ選び。

別化を図るために常に他人を意識し、流行を意識した消費をするのではなく、「自分にとってどうなのか」で判断する、自分らしさに重きを置く世代なのだ。バブル期の豊富な消費経験から、自分のライフステージやスタイルに合わせてモノ選びをする自分基準があるのがプレバブル世代の特徴だ。

店、通販、ネットなどチャネルもその価格ラインもかなり幅広くなっている中で、シビアに判断するのがばなな世代。消費することは決して嫌いではないが、周囲に踊らされて買うことはほとんどない。本当に気に入れば高くても買う意志は持っている。しかし、少しでも安くとか、ポイントが貯まるなど、何かしらのメリットを付加した形で購入したいと思っている。モノ・コトへの姿勢はどこかお気楽、楽観的な面も否めないが、クチコミやインターネットの情報を駆使するなど消費へのアプローチ自体は堅実に行う面を持っている。特に子育て中の人には決して潤沢に自由なお金があるわけではないので、たとえば、「離乳食は生協の裏ごしポーションを利用。出所の確かな材料を使っているし、手間は省けるし、さらにポイントも貯まるし。実はポイント地獄かも……」などと、決して安くない買い物も、いくつかのメリットを大義名分にして行っているのだ。また、「1ヵ月半に一度、実家に子供を預けて自由が丘の美容院に行く。ついでに周辺のお店を物色する。でも買うのはアウトレットかな」など、ウィンドウショッピングという楽しみは忘れずにいるものの購入に関しては、現実主義の姿勢を貫いているわけだ。全方位分野で消費を謳歌しているハナコ世代に対し、こだわり分野かどうかで消費するばなな世代は、お金のかけ方にかなり差があると言えそうだ。彼女たちの堅実消費面へのアプローチを忘れてはならない。

ばなな世代の
ファッション遍歴

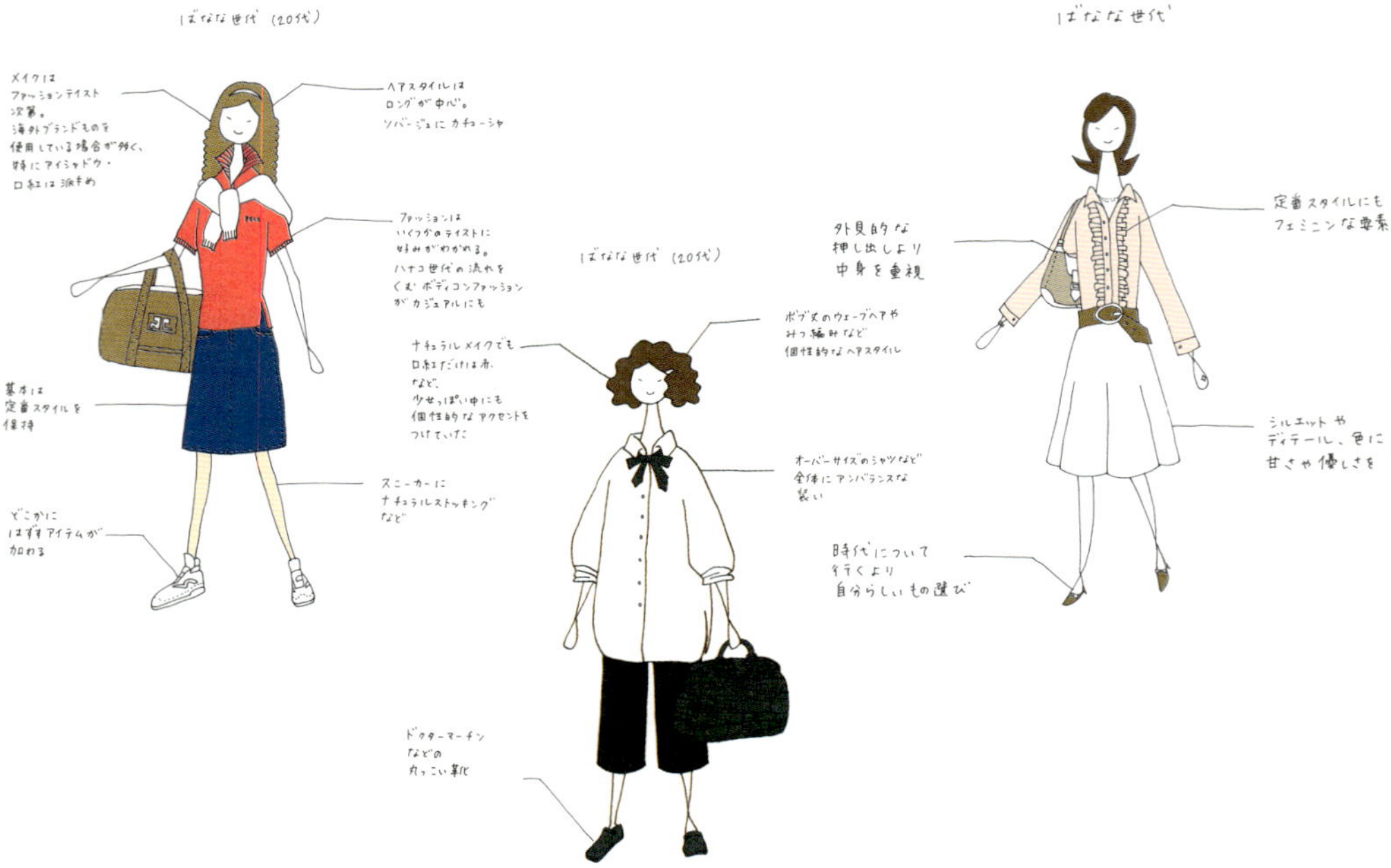

ボディコンファッション、オリーブファッションなど
いくつかのファッションテイストが混在する青春時代を過ごした。
現在では、年齢的な転換期を迎えているため、
こだわりテイストにサイズ感をプラスしたアプローチを求めている。

●DCブランドテイストの分かれ目

ハナコ世代同様にボディコンファッションを謳歌した人もいたが、コムサデモードなどモノトーンでズルズルとしたシルエットを好んだ人や、高校時代にオリーブファッションに憧れ、どこかにフェミニンさを残した人など、いくつかのファッションテイストが混在していたのがばな世代の特徴である。彼女たちは、DCブランドの中でもキャラクターズブランドという枠を中心にしながら自分の好みを選択していた。ヘアスタイルも、ロングやショートのストレートやソバージュにカチューシャ、みつ編みなどさまざま。メイクもそれぞれのファッションテイストによるため、海外ブランドの派手な色使いを好む人がいる一方で、ナチュラルブランドを嗜好する人も多かった。

↓定番スタイル保持
↑年齢的な転換期。こだわりテイスト＋サイズ感でアプローチ

さまざまなDCブランドのファッションを経験しながら、今は自分の

時代について行くファッションよりも自分らしさが引き出せるものを選択。

こだわりから定番スタイルを持っている人が多い。どちらかと言えば、「olive」の流れを残し、そこに少しフェミニンな要素を足す派が目立つ。基本はベーシックであってもシルエットやディテール、色合いにちょっとした甘さや優しさが加わっているのだ。ただ、子育てなどのライフステージによっては、「公園スタイルはジーパンにスニーカー。ワンシーズンで着られなくなっても良いので安いもので済ませている」など、ファッションにおいてもモノ・コト消費同様に、今自分が置かれている状況から割り切った選択をしていたりする。「もっと若いママは、公園にも巻き髪で来たり、全体にこぎれいにしていたりするのでびっくり。世代ギャップを感じる」とも。ちょっとしたお出掛けには、昔から好きな定番スタイルをするものの、今も通用するデザインであれば、タンス在庫から引っ張り出すことも多いようだ。時代について行くファッションがしたいというよりも自分らしさが引き出せるものを選びたいと感じている。外見的な押し出しの強さを求めるよりも中身を重視しているのがばなな世代と言えるだろう。ただ、「これまで似合っていた色が全然似合わなくなった」「体重は変わらないのに、同じサイズが入らなくなった。自分テイストでサイズも合うブランドが欲しい」など、体型、肌・髪の色やツヤの変化など、40歳を境にして年齢的なターニング

ポイントを迎えている。「どのブランドが今の自分に似合うのか。探したいけれど、若い時のような時間はない」というのも正直なところだ。好みのテイストでありながら、肌・髪の衰えをカバーしてくれる色合い、肉づきの変化に対応したサイズ感が求められている。

団塊ジュニア世代
第二次ベビーブーマー
――渋谷カジュアル全盛育ち――

■1971～76年生まれ（現32～37歳）／1135万人（男女比：575＋560）

1960 1970 1980 1990 2000 2010

10代 20代 30代

学生 就職 結婚 出産

バブル崩壊

いじめ問題 イルカ世代

ポケベル PHS ケータイ windows95

渋カジブーム、紺ブレブーム

（ポロラルフローレン＋ハンティングワールド）

無印良品

アフタヌーンティ

ファミレス

ファーストフード

ファミコン カラオケボックス

サークル（テニス、スキー、ゴルフ）

アウトドア・ブーム

フリーマーケット

◎「JJ」◎「mc Sister」◎「olive」◎「Tokyo Walker」

〈消費意識形成期に影響を受けたモノ・コト〉

・人口の多さから、ライフステージが変わるたびに注目されてきた世代。
現在 30 代前半、結婚・出産という時期に入り少子化傾向も今後数年上向くのは間違いなく、キッズマーケットにも変化をもたらしている。

・就業形態は人材派遣や契約社員など、正社員でない場合が多い。
企業内では中堅どころとなり、責任ある立場になっている。

・今後、身体的に曲がり角に入る年齢になり、これまで似合っていた色が似合わなくなるなど、消費志向にも変化が見られそう。

団塊ジュニア世代
（1971～76年生まれ）

「ライフステージの変わり目。目の前のステージを謳歌する」

●第二次ベビーブーマー

両親は、父親がキネマ世代か団塊世代、母親は団塊世代といった組み合わせが多く、戦後第二世代も混ざる。いずれにしてもその人口の多さからライフステージが変わるたびに注目されてきた世代で、学生時代は群れて行動するがおとなしいといった印象からイルカ世代などと命名された。人口が多い世代は、周囲から抜きん出ることにエネルギーを注ぐよりも、落ちこぼれないことに留意する傾向が強いと言われている。特に団塊ジュニア世代の場合は、バブル景気崩壊時に就職期を迎え、なかなか就職先が決まらなかったという経験の持ち主。同じく人口の多い団塊世代よりも、一層、横並びのラインから落ちこぼれないよう意識せざるを得ない環境にあった。

↓〝中の上〟を維持することが前提条件
↑「失敗しない」術、リスクマネジメント提示

団塊世代同様に、人口が多いという背景から、芽として出てきたものをマス化させる力は持っているが、団塊ジュニア世代は新しいことを生み出すようなチャレンジ精神・冒険心は持っていない。注目はされても、トレンドを生み出すまでには至らないのだ。まだまだプレバブル世代による社会的ヒエラルキーが堅固な時期に幼少期を送っており、小学校時代から、塾や習い事で毎日のスケジュールが埋められ、良い大学に合格し大企業に就職することを目標に日々勉強してきた経験を持つ。競争社会では、突出した自分の売りを持つことよりも相対的な評価の中で平均点をクリアすることが優先された。

社会の中での自分のポジションを常につきつけられてきたこともあり、今、自分の立っている場所がどこに位置しているのかは常に気になるところ。「中の中じゃ納得できないかも。常に中の上でいたいと思

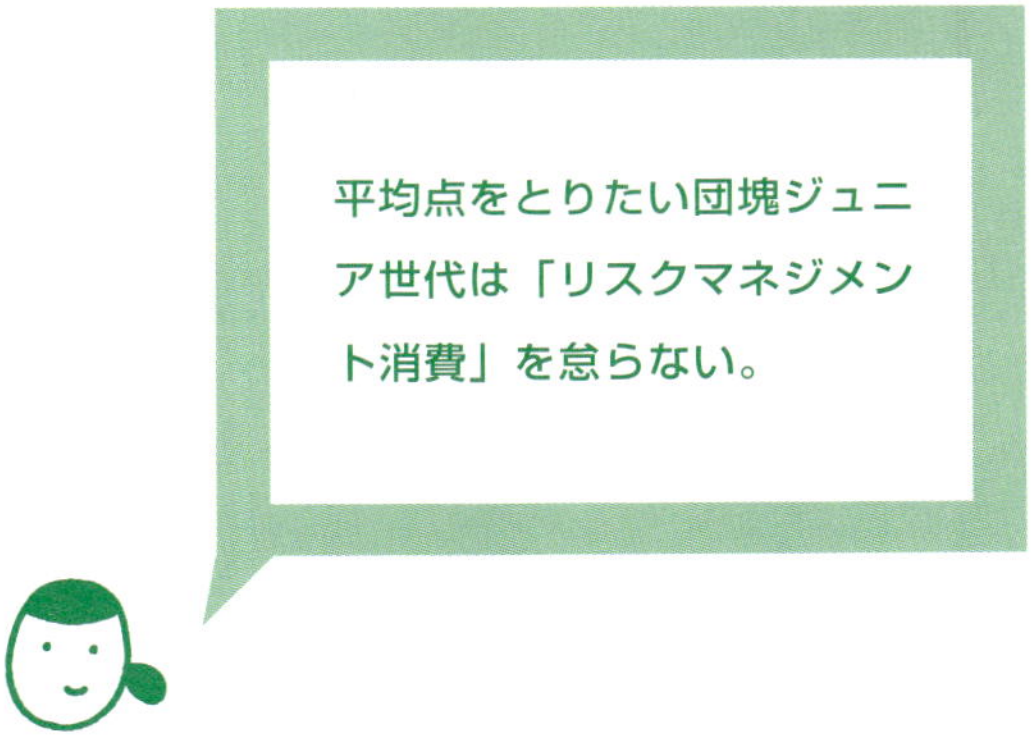

う」と話す団塊ジュニア世代もいる。大学進学と並んで留学も選択肢のひとつとなり、〝受験に失敗した〟というレッテルがはられない道も用意されていた。そういう意味でも、間違いや失敗が一番の敵。プレバブル世代の親の庇護のもと、打たれ弱い体質になっている。

歩んできた道の枠組み自体は旧来型であり、彼らの生活志向全体が保守化して見えるのは、枠組みの中でしか思うように行動できないからである。これからもリスクに対するマネジメント消費を怠らないと思われる。

●中学生でいじめ問題＋ゲームボーイ発売

目に見える校内暴力などが上世代でも問題にはなっていた。しかし、団塊ジュニア世代が中学生になるあたりから、生徒同士の陰湿ないじめが横行、不登校者が増加するなど社会問題にまで発展した。日本の高度経済成長期は、子供への教育に投資する時代のスタートでもあったため、友達と遊ぶ時間を削り、勉強という枠に彼らを押し込んだ結果とも言える。

また同時期に、子供たちには個室があてがわれ、ゲームボーイなる遊具も開発された。ひとりで篭る場所とひとりでできる遊びは人とのコミユニケーションを深く持つ機会をますます減少させる（持たなくてもよい）傾向にあった。

↓“家族”で自分を確保する
↑“家族”コミュニケーションツールが必要

仲良く遊んでいた友達がある日突然自分を攻撃する側にまわる、そんなことが起こり得る学生時代を送ってきた団塊ジュニア世代。自分の周囲だけでも信頼できる人で固めたいという意識が芽生えるのも不思議ではない。結婚願望も強く、家族への帰属意識も高い。まずは身近な人間関係を円満に保つことが重要なポイントになっている。

女性の場合、結婚して専業主婦になりたいという願望が強い。子育て中の場合は特に、妻・母という役割に徹することが自分の仕事という思いが根底にはあるようだ。結婚して家を買い、子供ができたら車を買い換えるといった旧来型の家族スタイルの枠組みで将来設計がなされている最後の世代と言えるだろう。また、妻側実家との関係が密であり、近接居住でなくても往き来は頻繁。結婚して所帯を構えた今も、友達家族の延長で両親を巻き込んでいる。

家族を重視する一方で、自分たちが幼少期には知識の詰め込み生活が中心で他人と楽しく遊んでこなかった世代であるため、子供とのコミュニケーションが図れず、充実した時間を過ごしたいが過ごし方が分からないといった課題を持つのが団塊ジュニア世代でもある。大切な家族との貴重な時間の使い方を示してあげることで、今後の消費領域の拡大が期待できそうだ。

●バブル景気崩壊による就職難体験

就職に至るまでのライフステージでも人口の多さからライバルが多かったのが団塊ジュニア世代。しかも、肝心の就職時期には、目の前で華やかに踊っていたはずの世の中がまるで虚像だったかのように灰色の世界に一変、求人難に遭遇する。困難な「お受験」を突破、将来が保証された学生時代を送ってきたはずの団塊ジュニア世代にとっては青天の霹靂。20歳前後にして、「これまでの努力は一体何だったのか?」と途方に暮れる経験をした人が多いのだ。それが、トラウマとなり、全方囲で自分を守る保険を求める傾向を強くしている。

↓〝保険〟〝保証〟で固める ↑確かな〝保証〟で安心感を与える

求人難に直面、総合職と言われたものの企業内投資も削減される一方の右下がりな経済状況下で社会人デビュー。「それまではジェネラルな能力を求められていたはずが『あなたの売りは？』などと、一転スペシャリストを求められる社会になっていた」など、自分たちのそれまでの歩みを否定されるかのような現実。そんな中で、万が一のことがあっても自分を守ってくれる知識や技術を備えることが必要と考え、通信教育や学校に通い直す人が多くなった。実際に仕事で必要か、役に立つかどうかはさておいて、自分の不安感を少しでも軽減してくれる保険としての資格取得がブームとなった。「無いよりはあった方が」「仕事に使わなくても持っている方が」といった感覚だ。就職氷河期を経験している団塊ジュニア世代は、ポストバブル世代に特有の保険消費を行っており、今でも、自分の実力の表現方法として、客観的に分かりやすい資格や免許を持つことに積極的だ。修了証書が発行されるか否かで受講者数に影響が出ると言われる講習会もあるほどだ。この傾向は今後、彼らの子育てにも影響を及ぼすことになるだろう。

ブランドものへの関心も、あくまでも世の中に認められているという

団塊ジュニア世代のためのキーワード。確かな「保証」と「安心感」。

〝保険〟を手に入れるためのもの。訳の分からないものを買って失敗するよりも安心感が欲しいのだ。情報にしてもしかり。多様なジャンルの情報誌からアンテナにひっかかるものを自分でセレクトするという自信はない。ある程度絞り込まれ保証されたものから選びたい。団塊ジュニア世代への商品・サービスの提供にはこの安心感が欠かせない。

団塊ジュニア世代のファッション遍歴

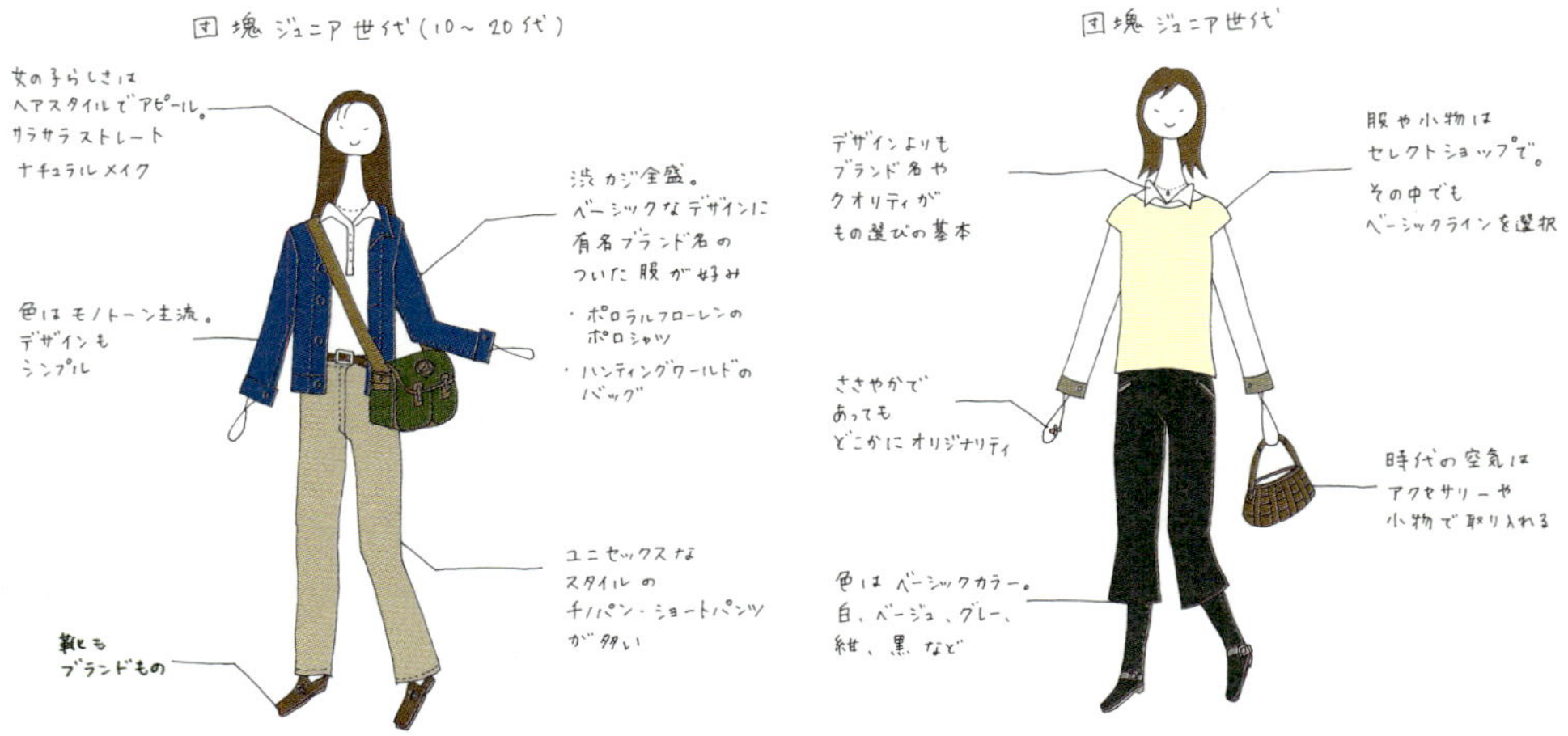
団塊ジュニア世代(10～20代)
女の子らしさはヘアスタイルでアピール。サラサラストレートナチュラルメイク
渋カジ全盛。ベーシックなデザインに有名ブランド名のついた服が好み
・ポロラルフローレンのポロシャツ
・ハンティングワールドのバッグ
色はモノトーン主流。デザインもシンプル
ユニセックスなスタイルのチノパン・ショートパンツが多い
靴もブランドもの
団塊ジュニア世代
デザインよりもブランド名やクオリティがもの選びの基本
服や小物はセレクトショップで。その中でもベーシックラインを選択
ささやかであってもどこかにオリジナリティ
時代の空気はアクセサリーや小物で取り入れる
色はベーシックカラー。白、ベージュ、グレー、紺、黒など

学生時代に渋谷カジュアルを謳歌したのが
団塊ジュニア世代。
保守的な性格が強いため、
セレクトショップの中でも
ベーシックなラインを選択している。
デザインよりも
納得できるブランド名やクオリティを
求める傾向にある。

●渋谷カジュアル（渋カジ）

ポロラルフローレンの白いポロシャツにチノパン、ハンティングワールドのバッグがお決まりアイテムの渋谷カジュアルを学生時代に謳歌した世代。デザイン的にはいたってシンプル。色も白、ベージュ、グレー、紺、黒などモノトーンが主流だった。どちらかと言えばユニセックスな装いゆえ、メイクはナチュラル。派手な色目使いやプリクラ世代で火がついたマスカラなどのアイテムはあまり使っていなかった。ただ、ヘアスタイルだけは女の子らしさをアピールするポイントになっており、ロング、ストレート、サラサラという要素は押さえる。

↓セレクトショップのベーシックラインを好む
↑デザインより、ブランド、クオリティが訴求ポイント

一見何の変哲もないベーシックなデザインのカジュアル服に海外の有名ブランド名がついた服を着た最初の世代かもしれない。「『おしゃれにかまけていたら良い大学に入れないわよ』と言われる学生時代だった」と

「ブランド名」と「クオリティ」。保証が消費の条件。

いうように、ファッションに対する自由度が広がったのは渋カジ全盛の大学時代であり、そのスタイルがスタンダードとして強く刷り込まれている。団塊ジュニア世代にセレクトショップがもてはやされているのも、単一ブランドとは違うものの、ショップというある一定のフィルターでふるいにかけられたもの、すなわちレベルが保証されているものが揃っているという安心感が得られるからだ。ただし、セレクトショップの中でも個性的なものなどは選ばず、無難なベーシックラインを選択する傾向にある。決して突飛なことに刺激を求めたいと思っている人たちではない。デザインで表面的に目立つことよりも、ブランド名やクオリティなど、自分を納得させてくれる保証さえあれば触手を伸ばす人たちである。ただ、ベーシックであれば何でもOKというわけではない。ささやかであってもどこかにオリジナリティを求めたい人たちでもある。

　現在もワードローブには、白、ベージュ、グレー、紺、黒といった彼らにとっての定番カラーが並び、クオリティの高いプレーンなデザインのものが多く見受けられる。団塊ジュニア世代の女性たちは、ベーシックなスタイルを基本でおさえながら、アクセサリーや小物で時代の空気を取り入れ、ヘアスタイルで女性らしさを表現するのが特徴になっている。

プリクラ世代
ミックスで我流発信
――流行と仲間が何より大事――

■1977〜86年生まれ（現22〜31歳）／1564万人（男女比：797＋767）

1980	1990	2000	2010
	10代	20代	30代
	学生	就職　結婚	出産

バブル崩壊・不況

NY同時多発テロ

就職難／フリーター／ニート

ポケベル　PHS　ケータイ

早婚・できちゃった婚

windows95

個性重視教育

女子高校生ブーム

制服はミニスカート＋ルーズソックス

厚底ブーツ＋茶髪

安室奈美恵（アムラー）

プリクラ（プリント倶楽部）

109系ファッション（エゴイスト、ラブボート、セシルマクビー）

東京デザイナーズブランド（キャンディストリッパー、20471120）

あいのり、未来日記、野外フェス

カフェブーム

◎「Cawaii !」◎「JJ」

◎「ZIPPER」◎「Can Can」

〈消費意識形成期に影響を受けたモノ・コト〉

・20 代後半のシングルの場合は、30 歳を目前にして、
結婚相手を探す派と、自分のやりたいことを探す派とに分かれる。

・すでに結婚して子育て中の人は、休職もしくは復帰を考え、準備をする派と、
趣味を謳歌する専業主婦を志向する派とに大きく分かれる。

・20 代前半は、仕事に生きるというよりも結婚願望を強く持つ傾向にある。

・また、パラサイトシングル派と、本来の自由度を求めて独立する派に分かれる。
いずれも、実家に行きやすい場所に住んでいる場合が多い。

プリクラ世代
（1977～86年生まれ）

「なんどきも、〝旬〟をまとって生きていきたい」

●戦後第一世代の子供

両親ともに戦後第一世代の団塊世代であることが多く、子供であるプリクラ世代との関わり方も友達感覚、彼女たちを叱ることを避けてきた人が多かった。こうした親に育てられた家庭環境と同時に、個性重視、自立心を養うことに重きが置かれた学校教育の変化も相まって、自己中心的な思考を持つのがプリクラ世代の特徴と言える。第二次ベビーブーマー世代の団塊ジュニアに比べて、一学年あたりの人数も少なく、一層「個性」磨きに注力できた世代と言えそうだ。また、幼少期はバブル全盛、モノが溢れ、コミュニケーションツールの多くも進化し、高校生にしてケータイを持っていた人たち。情報も何もかも簡単に手に入る時代に育つ一方で、バブル崩壊に大人が戸惑う姿も目の当たりにしている。

↓リアルに惹かれる ↑彼らにとってのリアルを提供する

バブルに向かう好景気の時代に生まれてきたために、幼少期からブランドものをはじめ、新商品をあてがわれる豊かな生活を送ってきた人たち。貪欲に何かを欲することなく、欲しいものがあっさりと手に入る環境に育ったこともあり、消費意欲はあってもモノそのものへの執着心はかなり弱い。また、バブル期の風景とそのあっけない終焉の一コマが残像となって記録されているのか、作り込まれ過ぎたものや、あまりに歪みのない整いすぎたものにはどこかウソっぽい、もしくは、恥ずかしいという感覚を持っている。たとえば、「六本木ヒルズ」や「丸ビル」など、どんどん増え続ける巨大で似たような商業施設にはどこか馴染めず、抵抗すら感じてしまうのだ。

一方で、中古品やリサイクルもの、R不動産などは何ら抵抗なく受け入れ、却って魅力すら感じているのは、昔の商品の方が簡単には手に入れられない歴史の味が感じられたり、モノ作りの奥行きが感じられるか

プリクラ世代への
訴求ポイントは「リアル」。

らだと言う。その背景に隠れているストーリーや時間経過への憧れは、プリクラ世代にとっての〝リアル〟であり、それが本来持っている個性重視のモノ選び意識に通じている。「自分しか持っていない」「特別感」は、全く知らない商品には手を出さないが、人とはちょっと違うものが持ちたいという、ポストバブル世代の個性重視の感覚を満足させてくれるというわけだ。ただし、モノも情報もすぐに手に入る生活をしてきたこともあり、無駄嫌いといった側面を持つことは否めない。つまり、回り道をしてまで味のあるレトロなものを手に入れることはなく、あくまでもすでにその状態にあるものをネット検索などで簡単に手に入れることを望む。

また、家族もリアルなもののひとつになっているのではないだろうか。いつどうなるか分からない社会は虚構であったとしても、身近な家族は信じられる対象であり、ローストレスで貴重な存在として認識するのがポストバブル世代の特徴である。決めすぎはウソにしか感じられないプリクラ世代には、彼らにとってのリアルが訴求ポイントになるのだろう。

●女子高校生ブーム

ハナコ世代が女子大生ブームで注目を浴びたように、プリクラ世代は女子高校生ブームで注目され、彼女たち自身がブランド化し、一大ブームを巻き起こす。雑誌「Cawaii」なども創刊され、編集部にはモニター調査のために学校帰りの現役女子高校生が集い、情報交換が行われるなど、彼女たちの価値がさらに高められていく。読者モデルももちろん現役高校生。「ちょっとかわいければモデルになれるかも」といった風潮も高まり、スカウトされる高校生であることがひとつのステイタスとなり、卒業しても制服を着て歩く〝なんちゃって女子高生〟が登場するほどだった。街を歩けば「モデルになれるかもしれない」といったタナボタ的な思いを抱いていたこともあり、苦労して何かを手に入れるというよりもでき上がったものに乗っかるといった姿勢である。根拠のない自信が感じられる世代でもあるが、その根源はこのタナボタ経験に起因していると思われる。一方で、援助交際やブルセラなど、女子高校生を売りにしたビジネスも登場し、社会問題にまでなった。

プリクラ世代の消費。
「旬」を楽しむためのもの。

↓〝旬〟意識の継続↑舞台を用意してあげる

結婚して仕事を辞め、子育て中といった早婚派と、自分を磨くことにウエイトをおく晩婚派の二派が存在するが、いずれにしても、高校時代から注目されてきた世代だけに、〝自分が主役〟といった意識は変わらず持ち続けている。ライフステージが変わったとしても、自分が〝旬〟であることを確認し続けていくのだ。

たとえ子育て中であったとしても自分のやりたいモノ・コトを我慢することはなく、バギーを押してどこへでも出向く。バギーを押しての行動は結構大変なために、仲間の手を借りる。仲間はシングルもしくはディンクスの場合も多く、ショッピングや飲み会、ライブなど遊びの時間は独身時代となんら変わらず過ごしたいと思っている。

消費も、〝旬〟を楽しむためのものに他ならない。今やリサイクルショップやネットオークションなど、飽きたものを簡単に処分できる販路が広がっており、モノを使い捨てることへの抵抗も薄い。見た目で分かりやすい今の流行りに触手が伸びる世代であり、安価なものから〝旬〟を探し出すのも得意だ。〝旬〟を自分なりのオリジナリティあるものにアレンジするのも特徴。既成概念や従来の枠にはおさまらない彼女たちは、舞台さえ用意してあげれば勝手に盛り上げていってくれると思われる。

●プリクラで友達確認

エンタテインメントであり、コミュニケーションツールであり、大事な思い出作りでもあるプリクラ（プリント倶楽部）。彼女たちが高校生時代に大流行し、世代名にまでなるほど、なくてはならないものになっていた。友達の友達や初対面のメル友とプリクラを撮っては、皆で切り分け、プリクラ手帳に貼る。それを持ち歩いて「友達の数」を仲間内で見せ合うのが挨拶だった。まだケータイにカメラがついていない時代であったため、インスタントカメラが常に鞄に入っていた人たちでもある。

→中身より上辺（外見）重視←外見磨きをサポート

外見を磨くことへの執着心が強く、ビジュアル的な要素にはどの世代よりも敏感に反応すると言って良い。プリクラの流行で分かるように、友達が一体何を考えているのかといった本質を知るより何より、視覚情

外見はコミュニケーションの一環。外見磨き分野への消費は惜しまない。

報だけをどんどん消化してきた世代である。プリクラでは、自分がかわいくスマートに見える顔の角度や目線の方向などを常に意識してきたので、自分の見せ方はすでに会得している。

一方で、「いつまでも若くありたい」と20代にして発言する人が多く、これもまた女子高校生ブームで注目されてきた彼女たちならではの年齢感覚。歳をとることへの抵抗、女子高生時代からどんどん遠ざかっていくことへの不安感はどこか否めず、強迫観念にも似た若さ獲得消費への貪欲さが感じられる。高価な美容アイテムの購入はもちろん、メイクテクニック入手にかける時間の多さ、プチ整形さえも厭わない外見へのこだわりは、少々病的にも見える。ただ、この行為は、自分の自信の裏付けでもあり、自分を大切にしているという証にもなっているようだ。

いずれにしても、コミュニケーションが希薄になっているプリクラ世代にはそれにとって代わるものとして、外見が機能している。今後どんなに歳をとろうとも、プリクラ世代にとっての外見磨きは最重要消費分野であり続けることは間違いない。特に20代後半はお肌の曲がり角でもあり、危機感をやわらげつつ、効果訴求をしていくことが大切だ。

プリクラ世代のファッション遍歴

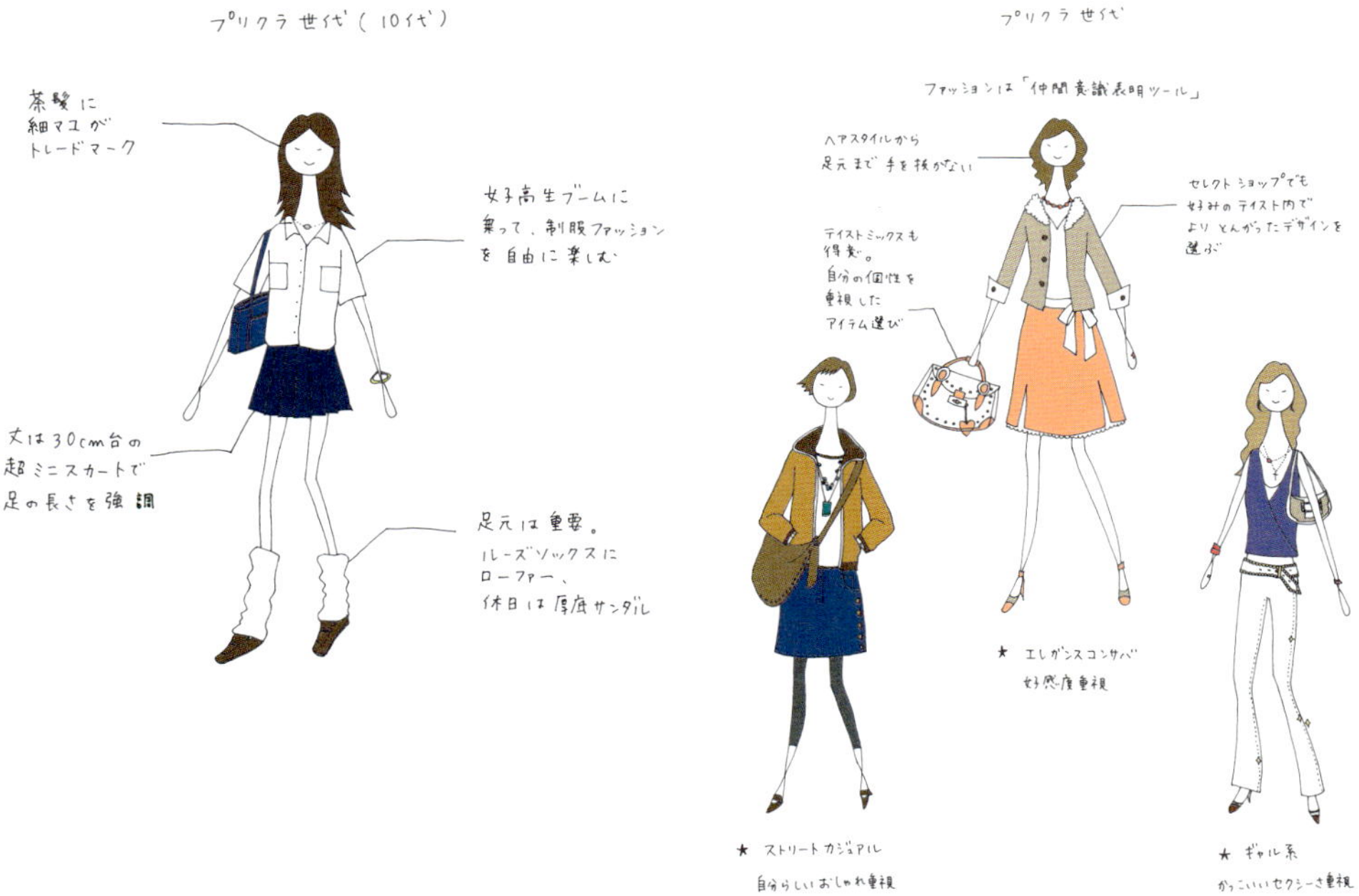

プリクラ世代（10代）
茶髪に細マユがトレードマーク
女子高生ブームに乗って、制服ファッションを自由に楽しむ
丈は30cm台の超ミニスカートで足の長さを強調
足元は重要。ルーズソックスにローファー、休日は厚底サンダル
プリクラ世代
ファッションは「仲間意識表明ツール」
ヘアスタイルから足元まで手を抜かない
セレクトショップでも好みのテイスト内でよりとんがったデザインを選ぶ
テイストミックスも得意。自分の個性を重視したアイテム選び
★ エレガンスコンサバ
好感度重視
★ ストリートカジュアル
自分らしいおしゃれ重視
★ ギャル系
かっこいいセクシーさ重視

女子高生ブームを経験した

プリクラ世代。

ブランドのテイストをミックスさせるのが得意で

セレクトショップの中でも、

よりとがったデザインを選ぶ。

ファッションは

「仲間意識表明ツール」としてとらえている。

●ルーズソックス＋茶髪＋細マユ発信

バブル景気はとっくに崩壊し、開き直りにも似た自由奔放な楽しみ方をしていた高校時代は、ミニスカートの制服に、ルーズソックス、茶髪、細マユがトレードマークだった。輪郭がぼけるルーズソックスは足が細く見えると一大ブームになり、休日には厚底サンダルを履いて足の長さを強調。卒業する頃には、人気アイドル安室奈美恵の、ミニスカートにストレッチブーツというスタイルが主流となり、皆が同じものを履いていた。いずれにしても、足元を強調する、もしくは隠すアイテムでスタイル全体のバランスをとるのがプリクラ世代のファッションであった。

↓ブランドテイストミックスが当たり前　↑ひねり効果を提供

高校生時代に世の中にこれまでなかった、もしくはタブーとされていたアイテムや、その組み合わせ、シーズン性などのミスマッチ感覚を日常的に発信してきたプリクラ世代。ひとつのブランドやテイスト、スタイルにはまることをカッコ悪いと感じるポストバブル世代は、それぞれ

ファッション・インテリア・音楽など生活全般にわたって、テイストミックスを得意とする。

をミックスさせることこそが自分のスタイルであるととらえている。20代も半ばになった今、セクシー重視のギャル系ファッションに留まる人もいれば、おしゃれを楽しむストリート系、好感度を狙ってのコンサバ系など大きく分けると3タイプが存在。ヘアスタイルから足元まで手を抜かないのがプリクラ世代だ。ファッションテイストの中での仲間意識は一層強力なものになっている。

ファッションでも自分の意志重視派が多いため、好みのテイストの中で、よりとんがったデザインを選ぶのも特徴だ。いずれにしても、ファッションだけでなく、インテリアや音楽といったカルチャーなども含め、生活全体でテイストをミックスさせることを得意とする人たちがこの世代以降増えている。

現在、20代後半に入ったプリクラ世代を狙って、ファッションブランドやファッション雑誌が次々に登場。これまでのように、大人になったら好感度が優先され無難な服におさまっていくといったパターンは薄れ、自分の好むスタイルを貫ける環境が整っている。

モノと情報が溢れる中で育ってきたがために、あまり多くを考えずに感覚的に〝流行り〟を取り入れるプリクラ世代には、ややこしいうんちくや解説はあまり効果を持たない。それよりも、自分の個性をどう強調してくれるのかを分かりやすく知りたいと考えており、そのポイントを提示してあげることが重要になりそうだ。

ハナコジュニア世代
平成生まれの平成育ち
——ギャルテイストは通過儀式——

■1987〜92年生まれ（現16〜21歳）／791万人（男女比：407＋384）

1980 1990 2000 2010

10代 20代

学生 就職

平成元年 バブル崩壊 NY同時多発テロ
イラク戦争
学校週5日制導入
ケータイ windows95 i-mode i-Pod
DVD ジュニアファッションブーム
109—②リニューアル
第二次プリクラブーム
若手お笑いブーム
ジャニーズ
◎「nicola」
◎「SEVENTEEN」
◎「Popteen」
◎「Cawaii !」

〈消費意識形成期に影響を受けたモノ・コト〉

・昭和生まれとは異なる感覚を確実に持つ、平成生まれ。
・ゆとり教育不信なども手伝って、お受験は珍しく、
また、小学生でパコソンに触れるなど大人社会とほとんど変わらない情報環境にいる。
・修学旅行で海外に行くことが普通。
短期海外留学などの経験者が多く、海外への敷居の低さはもちろん、
日本でもすべてをフラットにとらえる。
・母側実家と近接居住している場合も多く、幼少の頃から祖父母宅への往き来も頻繁。
独身の叔父叔母も身近な存在。

ハナコジュニア世代
（1987〜92年生まれ）

「ミーハーハナコ世代の子供はクール。現実主義のチャレンジャー」

●ミーハーハナコ世代の子供

ハナコジュニア世代の母親世代にあたるハナコ世代は前述した通り、女子大生ブームをはじめ、「おやじギャル」「ハナコ族」などといった代名詞をつけられ、高度経済成長の中で常に注目される存在であった。結婚した後も、独身時代と変わらず話題のショップに足繁く通い、年に一度は海外旅行に行くなど消費を謳歌し続けるバブルの申し子たちである。彼女たちの子供にあたるハナコジュニア世代もまたミーハーな面がなくはない。しかし、リストラやフリーター、ニートといった言葉が頻繁に飛び交うバブル崩壊後の社会に育っていることもあり、親を反面教師として、クールに世の中に接している部分が多分にある。

↓アプローチはミーハーながら、最後は堅実に合理的に締めくくる
↑ハナコ世代のミーハーな後押しを利用する

ハナコジュニア世代もまた消費に対しては貪欲である。ただ、親のミーハー度に後押しをされつつも、幼少からの豊富な消費経験によって、情報機器との関わり方も巧みなため、世間一般の評価を鵜呑みにはしない。最終的に「コレ」と決める際には、クチコミやインターネットなどあらゆる情報源を駆使し、その情報収集にかける時間や手間は惜しまないのである。高い安い、新しい古いを、同じ領域の中でも使い分ける。リサイクルやディスカウントショップ、ネット通販、オークションなどさまざまなチャネルを自分が納得するまで比較検討し、リーズナブルな価格で欲しい機能が整った最適なものを探す堅実さを持っている。欲しいと思うきっかけはミーハーであったとしても、最終決定するまではいたってクールであり、ごまかしはきかない手ごわい生活者になっている。ただ単に新しさを魅力に感じ全方位で飛びついていたプレバブル世代とは違う感覚を確実に持っているのが平成生まれのハナコジュニア世

ハナコジュニア世代への
アプローチポイント
「母娘消費」。

代なのだ。「好きなことに集中し、他は流す」といった傾向は若者の特徴としてますます強まっている。好きなものとそれ以外とではお金のかけ方も異なるのだ。

また、ハナコジュニア世代はハナコ世代である親と同じ系統の音楽を聴き、タレントを追いかけ、一緒にコンサートに行き、リビングに集ってお笑い番組を見ていたりする。結婚しようが子育てしようが「個」を捨てなかったハナコ世代が自分の世界を持ち続けており、これまで子供を巻き込んできたことの影響は大きい。特にカルチャー面ではその傾向が強く、ハナコジュニア世代は親の自由度を受け入れる早熟さを持っている。ハナコ親子の「母娘消費」は、同じモノを共有するとかしないとか、一緒に買い物に行くとか、そんな次元だけの話ではない。親は子の生活をまるで自分の生活であるかのように重ね合わせて考えているのだ。まずはハナコ世代に向けて、自分を磨くカルチャーや生活充実グッズを訴求し、娘のハナコジュニア世代に広げるのが有効と思われる。

●母側近接居住

ハナコ世代以下の世代から、結婚・出産後に妻側の実家の側に住むという居住形態が当たり前になっている。ちょっと出かける時に面倒を見てもらう、買い物や旅行に一緒に出かけるなど、ハナコジュニア世代にとっては、母側の祖父母（キネマ世代）も非常に身近な存在になっている。しかも、シングルやディンクスの叔父叔母がパラサイトもしくは近くに住んでいるケースも少なくない。つまりは、シックスポケッツ（父、母、祖父×２、祖母×２）＋α（シングルやディンクスの叔父叔母）の経済環境の中、幼少期から贅沢な思いをさせてもらっているのがハナコジュニア世代なのだ。

↓祖父母からの影響は健康気遣いマインドを生む
↑まっとうな知識を刺激する

近くに住んでいる自分の両親に時間的サポートをしてもらうことの多いハナコ世代。特に仕事を持っている場合は、学校帰りのハナコジュニア世代を預かってもらうことが日課になっているなど、母側の祖父母（キネマ世代）とハナコジュニア世代が顔を合わせることはかなり頻繁。日常生活に組み込まれていると言っても過言ではない。「学校であったことはおばあちゃんやおじいちゃんに話すことが多い。お母さんとはジャニーズの話かな」など、短時間で話題を共有でき、お互いの趣味嗜好が一致する会話は忙しく動き回るハナコ世代である母親とするとしても、日常の出来事はゆっくりとした食事時間などに祖父母と話している状況も見え隠れする。

また、「塩分の摂り過ぎには気をつける」「肉ばっかりなど〝ばっかり食べ〟をしないようにする」「1日3度の食事はしっかり食べる」など、食事と健康面の知識はキネマ世代である祖父母から色々教えられ、情報としてインプットされていたりするのも特徴だ。「ゲームばかりしているとゲーム脳になる」「パソコンをよく見ているので疲れ目は気になる」など、健康に対する意識は食生活だけにとどまらない。食生活は基本的に親の影響下にあるため、どこまで真摯に受け止めてそれを実行に移しているのかはなかなか難しいところではあるが、雑食、キワモノ的食べ物を好んでいたプリクラ世代の学生時代とは明らかに異なることは確かだ。

ファッションやカルチャーなどの影響は親だけでなくその兄弟、叔父叔母からも少なからず受けている。少子化・晩婚化も手伝って、少ない子供への投資は四方八方からなされているのだ。

団塊世代、DC洗礼世代までは夫側実家への気遣いが強かっただけに、ハナコ世代の妻側近接居住による祖父母との新たな関係はこの世代以降強まることは間違いない。バブル崩壊後に生まれたハナコジュニア世代ではあるが、プレバブル世代の祖父母との密な関わりも彼女たちを単なるポストバブル世代と定義できない一要因となっている。

ミーハーながらクールなハナコジュニア世代には、この若年寄的な知識を活用したアプローチに結構効果があるのではないだろうか。

●チャイドルブーム

ハナコ世代は、自分の子供をタレントとしてデビューさせようといった一億総タレントブームの火つけ役。自分たちは女子大生ブームの只中で、ファッション雑誌のモデルなどを友達に持つ経験もしてきた人たちであり、少しでもかわいければ「もしかしてうちの子供も芸能界にデビューできるかも」といった下心がチャイドルブームを引き起こした。小学生にしてモデルや歌手としてデビュー、本当にその芸に長けているかはさておいてかわいいというだけでちやほやされる世の中を目の当たりにしていたのがハナコジュニア世代である。

↓中身がある＝カッコいい　↑自分を高めてくれるモノ・コトに反応

プリクラ世代は外見的な感覚でカッコ良さを語ることが多いが、ハナコジュニア世代では、外見はもちろんだが、「自分の意見を持っている」ことがカッコいい、中身のないことはカッコ悪いと思われている。歌手などを評する場合も「歌がうまい、踊りもうまい。かわいい顔だけで売っていない」など、その人の中身についてのコメントが多いのだ。外見を軽視しているわけではないが、他人より秀でた何かを持っていることを重視する傾向にある。そこには不安定な社会を受け入れ、まずは地に足の着いた自分でありたいといった意識も感じられ、そのためには「努力は無駄じゃない」と考えている。プリクラ世代がポストバブル世代特有の〝どんなに頑張っても報われない〟という価値観のもと、「無駄はしたくない」と結果重視だったのに対し、ハナコジュニア世代は過程も無駄じゃないと考えているのだ。

また、タレントや芸能人に対しては、「誰に憧れるか」よりも「あんな風にはなりたくない」といった見方もする。つまりは、視線は常に自分に注がれているのだ。非常に現実的で、手の届かない憧れ像を持っていても仕方がないといった思いもありそうだ。自分の〝売り〟になるものを早々に見つけ出したいとも思っており、そこに磨きをかけていきたいのである。何かに秀でた魅力を持ちたいといった思いは若手スポーツ選手の活躍の影響も大きいようだが、あくまで自分の手の届く範囲。どちらかと言えば安定志向で将来を考えており、公務員や保育士などを将来の目標に挙げたりする。頼れるのは自分自身という思いを持っているだけに、自分の得意分野を身につける、能力を高める、自分を向上させるモノ・コトへの関心が強い。そのため、自分の中身作りに投資する。「まだ子供だから……」といった子供騙しは通用しない。周囲の大人の言動をよく見聞きしているだけに、誠実なモノ・コトの提供が要求される。

ハナコジュニア世代のファッション遍歴

ハナコジュニア世代（小学生）
キッズ用化粧品でメイクも楽しむ
パッと目をひく元気なプリント
・ナルミヤインターナショナル
など
STAR

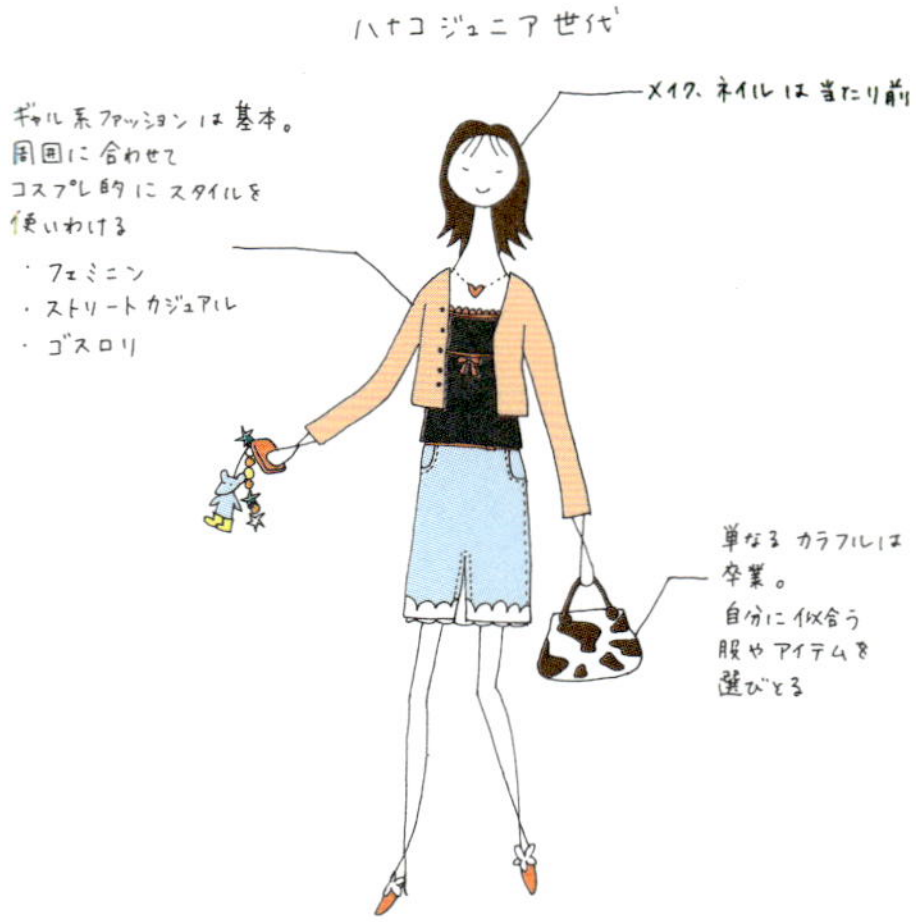

ハナコジュニア世代
メイク、ネイルは当たり前
ギャル系ファッションは基本。
周囲に合わせて
コスプレ的にスタイルを
使いわける
・フェミニン
・ストリートカジュアル
・ゴスロリ
単なるカラフルは
卒業。
自分に似合う
服やアイテムを
選びとる

小学生でナルミヤインターナショナルに代表される
ジュニアファッションブームを経験。
中学生で自分のファッションスタイルを意識している。
周囲に合わせてテイストを変えるなど
コスプレ的にファッションを楽しんでいたりする。

●小学生でナルミヤファッションブーム

ナルミヤインターナショナルが火つけ役となったジュニアファッションブームを小学生で経験している。ファッション雑誌「nicola」などを片手に、こぞって黄色やサックスブルーなどカラフルな服を着ていた。母親のハナコ世代もバブル期にこれらの派手な色目のファッションをまとってきた人たちだけに、これらの色目になんら抵抗はない。その点、団塊ジュニア世代は、白、ベージュ、紺が主流のファッションを謳歌してきており、子供ファッションに対してもカラフルな色目は敬遠する傾向にある。子供ファッションの領域で親の影響はかなり大きいと言える。

↓中学生で自分のファッションスタイルを意識
↑流行ベクトルはひとつじゃない。素磨きをしてあげる

低年齢でのファッションブーム経験は、自分のファッションを考えるタイミングも早めることになる。ハナコジュニア世代は、現在、「何であんな色の服を着てたんだろう」と小学生時代を振り返り、中学生で

堅実消費のハナコジュニア世代。アプローチポイントは「素磨き」。

「自分に似合う・好きな服は一体何なのか」を考え、選択するようになっている。ただし、市場はギャルカジュアルがベースであるため、渋谷１０９をはじめとするギャルファッションをまずは通過することもお決まりになっていた。一方で、フェミニンにもストリートにもゴスロリにもなれるという環境が整っていることもあって、「いつもはフェミニンだけど、この友達と一緒の時はゴスロリもする」などと、周囲に合わせてファッションを楽しんでいたりもする。現在、自分の好みを模索中なのと相まってどこかコスプレ的な感覚でファッションを取り入れる向きもある。

化粧品に対する関心はもちろん高い。「自分の目は一重で、ぱっちり目元ではないから、自分に合うメイク法を教えて欲しい」など、自分の魅力を引き立ててくれるアイテムを知りたがり、カスタマイズ情報を望むという。手っ取り早く可愛らしさを手に入れたい一方で、スキンケアやボディケア、ネイルケアなど、〝素〟の自分磨きも考える。皆がボリュームまつげを好むわけではないのだ。モノが豊富な社会で青春時代を過ごすハナコジュニア世代は、賢い生活者としての選択眼に優れているため、あらゆる分野でますます、いくつかの方向性を持ったトレンド提案が必要になってきているのである。

世代背景と現在のライフステージ
キネマ世代～ハナコ世代

	キネマ（1936～45年生）	団塊（1946～51年生）	DC洗礼（1952～58年生）	ハナコ（1959～64年生）
・世代のポジション ・人口（2006年現在）	・戦前・戦中派 ・約1,540万人 （男女比：735+805）	・戦後第一世代、 第一次ベビーブーマー ・約1,134万人 （男女比：559+575）	・シラケ世代 ・約1,235万人 （男女比：615+620）	・バブル消費世代 ・約909万人 （男女比：456+453）
ネーミングの背景	カルチャーと言えば映画という時代の人たち	ベビーブーマー	日本のオリジナルブランド、デザイナー登場期が青春期	マガジンハウス「Hanako」がバイブルだった人たち
ベースとなる基本価値	・男尊女卑教育。戦前・中派の価値観 ・「世間体」「人並み」重視	・男女平等教育。戦後の価値観 ・一億総中流（世代横並び）	・団塊世代の団体行動に反発、「個」を意識 ・個性こだわり重視	・新人類、バブル消費の申し子 ・ミーハー、ワンランクアップ
消費意識	・倹約は美徳	・消費は善	・消費は自己表現	・消費はエネルギー源
ブランド価値と意味	・ブランドは安心・安全	・ブランドは安心・安全と自己表現	・ブランドは自己表現	・ブランドは自己顕示
現在のライフステージと注目ポイント	●夫もリタイアし、大半が年金生活を送る。退職金、貯蓄など経済的には豊かだが、老い先を考えながらの毎日 ●子供世帯とのかかわり、リタイア生活の消費分野、終の棲家への投資に注目	●夫が半リタイアorリタイア。たとえ子供が結婚していても、相互依存家族として楽しい生活を送る ●キネマ世代とは異なる、新しい形のリタイア生活。都市型を中心とする、田舎暮らし、海外生活などが望まれる	●夫のリタイアが視野に入り始めている。子供も社会人になり、改めて個としての自分を見つめる時期になる ●個を意識した最初の世代。「個」の世界を確立するための趣味消費に注目	●子供の手も離れ、50代を目前にした今、ひとりの女性として社会の中の自分の立ち位置を求めて活動開始 ●女子大生ブーム経験者。どの世代よりも消費意欲と社会復帰意欲が高い。「個＝女」に戻った消費の方向性と、社会復帰への活路

キネマ世代～ハナコ世代の特徴をあらためて整理したもの。
「ベースとなる基本価値」や「消費意識」、
「ブランド価値と意味」には、
社会環境と消費意識形成期の影響が
如実にあらわれている。
現在どのようなライフステージにあるかも抜き出している。
各世代の特徴を掛け合わせながら
提供するモノ・コト・サービスを考えていきたい。

世代背景と現在のライフステージ
ばなな世代〜ハナコジュニア世代

	ばなな（1965〜70年生）	団塊ジュニア（1971〜76年生）	プリクラ（1977〜86年生）	ハナコジュニア（1987〜92年生）
・世代のポジション ・人口（2006年現在）	・狭間世代 ・約982万人 （男女比：496+486）	・第二次ベビーブーマー ・約1,135万人 （男女比：575+560）	・両親ともに戦後生まれの戦後第二世代 ・約1,564万人 （男女比：797+767）	・平成生まれ ・約791万人 （男女比：407+384）
ネーミングの背景	吉本ばなな。彼女の小説の主人公のように、突出したキャラクターではないが、どこか個性的	第二次ベビーブーマー	プリント倶楽部を友達付き合いのツールとして広めた	ハナコ世代の子供
ベースとなる基本的価値	・無理しない ・状況対応	・横比較意識（外れない） ・ジェネラリスト	・頑張るのはカッコ悪い ・スペシャリスト	・中身があるのがカッコいい ・ミーハー+クール
消費意識	・消費は堅実	・消費は安心・安全	・消費は仲間の流行	・消費は素磨き
ブランド価値と意味	・ブランドは自己満足	・ブランドは保険	・ブランドは流行	・ブランドはただの記号 （ブランドこだわり希薄）
現在のライフステージと注目ポイント	●シングル、ディンクス、子育て専業ママ、働くママなどばらばら。40代に入り、加齢も実感。将来を見据えたターニングポイントになっている ●晩婚化、シングル層増加。シングル消費の延長が従来の家族消費との違いを生む	●30代も後半を迎え、結婚、出産の時期も落ち着き、子育て真っ最中。親との仲良し関係の中、今のステージを謳歌している。会社では中堅どころ ●夫も家族への帰属意識が強く、仲良し家族を築いており、男性参加型家族消費を広めるか	●30代が視野に入り、結婚、転職、留学など、自分を見つめた選択期になっている ●女子高校生ブーム経験者。それぞれのライフステージで、新しいものを生み出すパワーがあると注目される	●まだ学生ではあるが、大人と変わらない消費を繰り広げている ●バブル消費の申し子ハナコ世代が親であり、消費に対しての意欲は高い。しかし親以上に堅実であり、手ごわい生活者になっている

ばなな世代〜ハナコジュニア世代の特徴をあらためて整理したもの。
社会環境・消費意識形成期などの価値観が大きく変わる境目の世代は
団塊ジュニア世代である。
その上下世代ではまったく志向が違うと言っても過言ではない。
特に現在の団塊ジュニア世代に関しては、
公私ともにライフステージの変換期に差しかかっている。
人口の多さからマーケット動向が変わる可能性が高い。

第３章

市場論

女を動かす６つの市場

消費分野別に見る世代相関

第2章では、８つの世代について、それぞれが今も引きずる消費判断基準の刷り込み背景と、現状についてまとめた。

第３章では、そこから見えてきた世代を超える消費キーワードについて、消費分野別に取り上げたい。

もちろん、生活者は各世代の特徴を根底に持ちながらも、新たに共通体験する時代効果や、歳を重ねることで経験する年代効果（ライフステージ）を受けながら消費生活を行っているのである。

まずは、各世代が持っている特徴と、消費の自由裁量獲得期に刷り込まれた価値観、現在のライフステージを改めて整理。いずれの要素も、どの消費分野においても基本的に影響を及ぼすものととらえられる。

その後に、ファッション、美容、食、住・インテリア、カルチャー・レジャー、情報・コミュニケーションと、消費分野を分けてまとめている。また、各分野において、企業取材を実施。キーワードをより具体的に理解する事例として読んでいただきたい。

キーワードは、世代を超えたものもあれば、ひとつの世代が固有に持つキーワードもあることを留意した上で、商品開発やコミュニケーション、アプローチのヒントにしていただきたい。

8つの世代の時代背景と現在のライフステージ

	キネマ世代	団塊世代	DC洗礼世代	ハナコ世代
世代のポジション	戦前・戦中派	戦後第一世代		
海外VS日本憧れ目線	国内ブランド+舶来品	海外ブランド アメリカン	ヨーロピアン+日本	ヨーロピアン高級ブランド
役割意識	母	女＜（妻＝母）		女＝妻＝母

	ばなな世代	団塊ジュニア世代	プリクラ世代	ハナコジュニア世代
世代のポジション		戦後第二世代		
海外VS日本憧れ目線		国内外王道ブランド	ブランドのフラット化	
役割意識	女＜（妻＝母）		女＞（妻＝母）	女＝妻＝母 （予測）

キネマ世代は、
旧来型の日本の価値観を今もなお引きずる最後の世代である。
団塊世代からばなな世代は、
欧米への憧れ意識ゆえ、
旧来型の日本の価値観とは違う生活志向を持つ。
経済成長を遂げた豊かな日本社会の中で生まれ育った
団塊ジュニア世代からハナコジュニア世代までは、
「日本だから」「海外だから」といった枠組み意識は薄く、
フラット感覚を有している。

世代により海外やブランドなどに対する価値や意味合いは異なる

キネマ世代にとっては、海外は地理的にはもちろん、意識的にも遠い存在。かつて海外から入ってくるモノは舶来品と呼ばれ、日本製とは違う高級なモノだった。

団塊世代からばなな世代は戦後第一世代であり、もう少し身近に欧米をとらえている。中でも団塊世代は強くたくましかったアメリカに惹かれる人が多く、ハナコ世代は20代のヨーロッパ旅行体験が忘れられず、海外に対する憧れ意識がどの世代よりも高い。

団塊ジュニア世代から下世代に関しては、親の海外赴任に同行したり修学旅行先が海外となったりしたことから、留学経験者も増。インターネット普及による情報のグローバル化なども手伝って、「日本だから」「海外だから」といった枠組みがはずれ、すべてを同じ土俵に並べて見るようになっており、海外に対する憧れや気負いは薄れている。

狭間的に存在するＤＣ洗礼世代やばなな世代においては、それぞれ上世代の強い海外信奉に影響を受けながらも、彼らの様子を目の当たりにし一歩引いた視線を持って、海外ブームの揺り戻しで和モノに注目する

育ってきた環境や実生活の豊かさが、各世代の消費意識に影響している。

など、日本オリジナルにも価値を感じていたりする。

海外に対する意識や、ブランドに対する価値観は、各世代の消費の自由裁量獲得期に、海外ブランドが参入した深度によって明らかに異なっている。ただ、ブランドの意味に関しては、世間なのか、同世代なのか、仲間内なのか、はたまた自分自身なのか、各世代が帰属意識を強く持つ層によって異なるため、社会環境に左右されるところも大きいと言えそうだ。社会のヒエラルキーが崩壊している現代においては、より身近な他人、そして自分自身を中心において、モノ・コトの価値判断を行うことが多くなっている。

各世代が育った社会環境（経済成長度合いや帰属意識先など）、親世代が作り上げてくれた実生活の豊かさの度合いが消費意識や態度に大きく影響するのである。

女性としての役割意識のウエイトは世代によって異なる

女性としての役割という意味では、もともと個人である「女」、結婚して「妻」、子供を持って「母」と、ライフステージが変わるたびにその役割が増えていく。その過程は、もちろんどの世代も変わらない。しかし、それぞれの役割に対する意識、ウエイトは世代によって明らかに違いがある。

男尊女卑教育を受けてきたキネマ世代は、「女たるもの男性から三歩下がってついていく」といった日本女性の奥ゆかしさを教え込まれた最後の人たち。夫は外で働き、妻は家を守るといった役割意識を強く持つがゆえに、子供ができてからは子供を守る母としての役割に１００％意識が向き、今に至っている。夫婦間でも、「母さん」「父さん」と呼び合うなど、「女」「妻」を通り越した存在になっている。自分の中でも、「母らしくありたい」という意識が強く根付いているのである。

その点、男女平等教育を受けてきた団塊世代から下世代では女性としての役割意識が大きく異なっている。家庭内ではもちろん「妻」「母」という役割に徹しているが、「女」としての意識も忘れずに持っている人たちである。ただし、その意識上のウエイトと行動は世代によって異なってくる。

たとえば、団塊世代とＤＣ洗礼世代では、妻と母の役割意識は同じウエイトであるが、家族内での行動の優先順位が高いため、女としての役割は後回しになるケースが多い。ばなな世代と団塊ジュニア世代でも、妻と母の役割の比重は変わらない。ただ、この2世代に関しては、「今置かれている状況を謳歌する」といった、無理せず現在の生活を楽しもうという意識が強いため、子離れした後は女としての役割に今よりウエイトが置かれると思われる。

そして、ハナコ世代とプリクラ世代に関してはある意味特殊。学生時代にそれぞれ、女子大生ブーム、女子高校生ブームなどを経験し、社会での女性の価値が高まった頃に多感な時期を過ごしたこともあり、現在も「私が主役」意識を持ち続けている。その意味でも、個人である「女」、カップルとしての「妻」、子育てする「母」の役割をすべて同等にこなすことを諦めず、それぞれの立場での満足感を味わいたいと思っている。その頑張り具合は、ハナコ世代がすべての役割を完璧にこなすことを目指すのに対し、プリクラ世代は「女」に重きを置きながら、「妻」「母」の立場ではできることのみをこなすといった感覚の違いがあり、ここにはプレバブル世代とポストバブル世代の違いが見られることとなる。ハナコジュニア世代に関してはまだ学生が多く予測が難しいが、母親としてのパワー溢れるハナコ世代を見ていること、個性重視の教育を受けていることから、「女」意識を捨てずに持ちながらも、世知辛い世の中を渡るシェルターとしての家族の大切さも感じているためハナコ世代同様に、やはり3身同等でとらえるものと考えられる。

女性の消費は「女」「妻」「母」のバランスが鍵を握る。

特に女性の消費を紐解く場合、女性としての軸足をどこに持つ人たちなのかを把握することが、非常に大切なファクターになるはずだ。

以下、分野別（市場別）に消費キーワードを分析してみたい。

ファッション

	キネマ世代	団塊世代	DC洗礼世代	ハナコ世代
刷り込みと重視ポイント	・お仕立て服 ・身だしなみ	・アメリカンカジュアル ・スタイル	・カラス族（DCブランド） ・個性	・ワンレン／ボディコン ・女性らしさ
テイスト	テイストよりアイテム	ワンブランド、ワンテイスト		
コーディネート	お仕着せセットアップ	お仕着せセットアップ+カジュアル		
流行	部分的に取り入れる （色）	（色、シルエット）	（小物、バッグ）	（デザイン、ディテール）

	ばなな世代	団塊ジュニア世代	プリクラ世代	ハナコジュニア世代
刷り込みと重視ポイント	・オリーブファッション ・ボディコンファッション ・ちょっとこだわり	・渋谷カジュアル ・はずれない	・茶髪+ルーズソックス ・決めすぎない	・ジュニアファッションブーム ・○○過ぎない （ある時はコスプレ感覚）
テイスト		セレクト中のベーシック （ミックス）	セレクト中のとがったもの （ミックス）	ギャル系ブランドは通過地点 （ミックス）
コーディネート	自分カジュアル		マルチミックス	（ブランド、テイスト、価格）
流行	（アクセサリー）		服、メイク、ヘアスタイルを消費	

ファッションは、
消費の自由裁量獲得期に経験したモノ・コトに
その後の志向が左右される典型的分野である。
ファッションの意味は、
スタイル、テイスト感、ブランドの価値、コーディネートの仕方など、
細分化していくといくつもの要素に分けられる。
しかし中でも世代特徴を引っ張る要素として注目しておきたいのは、
テイスト感、コーディネートの仕方である。

■世代別ファッションスタイル志向　出所：ifs

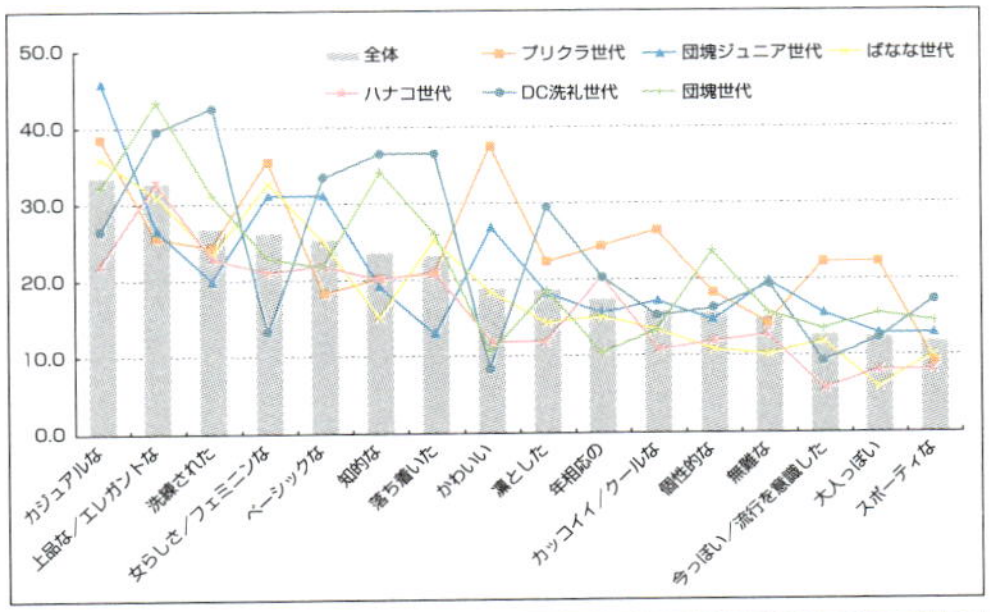

ファッションとは自分を表現するのにもっとも最適な手段

おしゃれを楽しむ行為は、経済的な要因からも、個人差があるもの。しかし、今や価格破壊も著しく、チャネルも拡大。流行も身近な存在になってきている。それらを背景に、外見を飾ることへの意識は以前に比べかなりボトムアップされていると言えよう。

ただ、どんな流行でも皆が同じようになびいていくわけではない。特に世代による刷り込みによって、取り入れられるものとそうでないものとがあることは留意しておきたい。

つまりは、各世代が生きてきた時代背景から自分にしっくりくる、落ち着けるテイスト感や着こなし方法が刷り込まれてしまっているということだ。

ミセスにとってのおしゃれアイテムである帽子の動きひとつとってもそれは顕著だ。例えば、京王百貨店の帽子売り場では、キネマ世代においても、「髪を隠すための帽子」という意識が薄れ、華やかなデザインが売れ始めているという。これまでの帽子デザインは薄髪をカバーする機能性重視のため、おしゃれより身だしなみ意識を優先させるキネマ世代にさえも「地味すぎる」と抵抗感を持たれてしまうそうだ。また、50代以下になると好みが分かれ、中でもこれまで人気のなかったスポーツテイストに関しては団塊世代にのみ受けいれられているものだと言う。ミニスカートやジーンズなどのアメリカンカジュアルテイストを刷り込まれてファッションを楽しんできた世代ならではのセレクトと言えるだろう。

団塊世代から団塊ジュニア世代辺りまではテイストミックスが苦手な人たち。何でも取り込んでしまうプリクラ世代とは違って、ある程度テイストがはっきりしているものを好む傾向にある。

流行を楽しむことに年齢制限なし

プリクラ世代が高校時代に謳歌した茶髪は、おそらく他世代の「髪を染める」行為の意味を広げることに一役買ったと思われる。「髪を染める」とは、それまでは白髪染めがメインの市場であり、年齢を重ねて白髪になればそれを隠すという意味のものでしかなかった。しかし、プリクラ世代による髪を染めるというおしゃれを楽しむ姿は、今では気分に合わせて髪の色を変えることを普通のことにしてしまった。

ファッションに流行を取り入れたい女性は着こなすためのサポートを求めている。

これはほんの一例に過ぎないが、考えてみれば平均寿命が80歳を超える時代である。加齢にともなう見た目の変化は、40代辺りから顕著に現れてくるが、そこでやっと人生の折り返し地点。まだまだ先は長いのだ。年齢に関係なく若さを志向しおしゃれをする人たちが増えるのは当然なのではないだろうか。

「若いマインドはあるが、サイズがないというミセスのために〝スタイルブック〟売場を開設した」という京王百貨店もまた、時代のニーズに合わせて売り場転換をし始めている。「これまで、ミセスへの流行浸透には1年かかると言われていたが、今はほぼ同時。家に置いてある娘さんの雑誌を読んでいるのでは」とも。スタイルブックでは時代に合ったデザインを重視しカラー展開を豊富に揃えた。流行アイテムも無いわけではないが、ミセス世代は若者の流行アイテムをそのまま着られない場合も多い。体型をきれいに見せてあげるためのパターンの拡大や、下着のアドバイスも行うなど、着こなすためのサポートを怠らないのがスタイルブックのポイントだ。

冒頭でも触れたが、流行なら何でも取り入れるというわけではもちろんない。色やシルエット、ディテールや小物など、自分にあった着心地を損なわない程度に取り入れていくのである。

健康・美容

	キネマ世代	団塊世代	DC洗礼世代	ハナコ世代
刷り込みと重視ポイント	・国産メーカー ・身だしなみ	・国産メーカーブランド ・若さ意識	・国産キャラクターブランド ・素敵意識	・海外高級ブランド ・主役意識
健康意識と美容意識	健康≧美容 美容よりも健康面の意識が強い	健康あってのすべて		健康も美容をつくるひとつ
健康・美容維持方法	運動	運動＋美容ケア		アロマ、エステ
若さとは	目的がもてること	時代についていくこと 世間の話題	前向きさ	若者世代の話題

	ばなな世代	団塊ジュニア世代	プリクラ世代	ハナコジュニア世代
刷り込みと重視ポイント	・高級海外ブランド ・ナチュラルブランド ・自分に合う	・ドクターズコスメ ・質重視（アンチケミカル）	・アイテム嗜好 ・可愛い見た目重視	・疑わしきは使わず ・素磨き
健康意識と美容意識	健康＜美容 健康も美容をつくるひとつ			
健康・美容維持方法	トータルケア アロマ、エステ		美容液からプチ整形まで	運動＋スキンケア
若さとは	内面と外見のバランス	外見 素肌みずみすしさ	衰えないかわいらしさ	今

健康・美容は今後一番伸びていく分野である。
ファッションのページでも述べたが、
人生 80 年時代における「若さ」への執着心と、
健康ブームが相まって投資価値が高くなっているのである。
もちろん時代感が大きく反映される分野だが、
刷り込み期のブランドやアイテム、形状などが
今もなお使いやすさを印象づけるものになっているのも確かだ。

健康と美容は表裏一体。

ますますなくなる健康と美容の境目

健康・美容に関する情報は、TV番組から雑誌、クチコミサイトまで、今やあらゆるチャネルで発信されており、その量の多さは半端ではない。生活者もその収集に余念がなく、「○○が□□に効く」といった情報が流れれば、その商品があっという間に店頭からなくなるという世の中である。特に、「ダイエット」「美肌・美髪」「癒し」というテーマには反応が大きい。「若さ」への執着だけでなく、ストレスの多い社会を反映し、心身ともに健康でいられる術、自分にとってのお助けグッズを誰もが探しているのである。

また、健康と美容は表裏一体、従来言われていた「健康なくして人生は楽しめない」はキネマ世代からDC洗礼世代にとっては当たり前、ハナコ世代以下では、「健康なくして美容は保てない」がキーワードになっている。

特に団塊ジュニア世代以下のコミュニケーション下手なポストバブル世代には、「人は外見で判断されがち」といった刷り込みも大きく影響しており、美容面への関心の高さは想像以上に高い。

売り場の平台のテーマは1ヶ月ごとに変えて飽きられないようにしているというのは京王百貨店8階「リフレピア」。コンセプトは、「健康、美、癒し」。客層は、日中は50代以上の女性同士、週末は団塊世代親子で、「客層によって売れる商品が違うということはほとんどない」という。「TVで何か魅力的な商品が取り上げられた日には午前中に主婦層が来て、夕方にOLが来て買っていく。出版物やTV番組は必ずチェックしておかないと品揃えが間に合わない」のが現状だという。また、美容は専門分野だけにプロとしての商品知識も求められる。使い方はもちろん、成分など細かい質問にもきちんと答えられてこそ信頼性が築かれる商材になっている。

女心をとらえるには……

「若さ」への執着は、人生80年社会と若者中心に動く日本のマーケットを反映していると思われる。

団塊世代からハナコ世代について言えば、「時代についていくこと」が若さだとしている。これは決して外見的なことだけを言っているわけではなく、特に、「若い人の話題がわかる」など、時代の流れに乗り続けていくことを指しているのだ。つまりは、彼女たちにとっては、脳や感覚の衰えが大敵になっている。脳トレがあれだけブームになったのも、単なる遊びというよりも、自分の感覚を少しでも蘇らせること、維持することに懸命な一面と見受けられる。

また、新陳代謝の変化にともなう体型の変化は当然のように起こってくるため、いかに体型を維持するか、シミ、シワ、たるみをケアするかが大きな課題になっている。「美容液は高いものを売りつけられそうで怖いので、なるべくなら自分でケアしたい」というのはＤＣ洗礼世代より上世代に多い答え。国産メーカーの強力な販売にあった経験が今も脳裏に焼き付いており、外的サービスに興味はあってもなかなか手が出しづらい領域になっている。その点、ハナコ世代から下の世代は、海外などでのエステ経験もあり外的サービスの利用についての敷居が低くなっている。

一般的に、37、38才が加齢にともなう身体的変化を実感させられる年代と言われており、現在で言えば、ばなな世代に相当する。社会的には中堅どころとして上世代とも下世代とも渡り歩ける度量が必要になっている。その柔軟性が若さであり、外見にもあらわれると思っている。この辺りから内面外見両方のファクターへの訴求が必要になってくるのである。

ポストバブル世代の団塊ジュニア世代から以下では美容に関しては外見的な要素が多くなるが、団塊ジュニア世代は、本来ナチュラル志向が強いため、外見的にはメイクに必要以上に手をかけるというよりも素肌磨きのウエイトが高い。「みずみずしい肌やツヤのある髪こそが女性の美しさ」といった感じだ。その点、プリクラ世代にとって美容はファッションの一部でもあり、流行のヘアメイクに果敢にチャレンジ。かわいい顔を作り上げるため、日々テクニック取得に余念がない。

京王百貨店8階、「健康・美・癒し」の売り場「リフレピア」を訪れる団塊世代以上の女性客は、スキンケアは同年代、ヘアメイクに関しては下世代の販売員に接客を求めるのが特徴であるという。シミ・シワなどの年齢による肌の悩みに関しては、同じく経験者である良き理解者にアドバイスを求め、流行によって左右されるヘアメイクなどは情報感度が高い若い人の意見が聞きたいのだ。女心を如実に反映した現象と言えよう。

食

	キネマ世代	団塊世代	DC洗礼世代	ハナコ世代
刷り込みと重視ポイント	・国産物、老舗 ・もったいない	・アメリカンフーズ ・コミュニケーション	・ムード ・空間デザイン	・演出 ・うんちく
意識すること	腹六分目	料理・おしゃれ空間・価格のトータル感		
嗜好性	和食	コースメニュー（和・洋・中・エスニック）		
食材	国産			国産＋有機もの 有名シェフの調味料

	ばなな世代	団塊ジュニア世代	プリクラ世代	ハナコジュニア世代
刷り込みと重視ポイント	・カジュアルレストラン ・サービス的居心地	・ファミリーレストラン ・コミュニケーション	・カフェメシ ・デザイン的居心地	・定食屋~ファーストフード ・価格とのバランス
意識すること			居心地	リーズナブル
嗜好性			単品志向 ミックス	
食材	便利もの		お手軽	国産、身体によいもの

食は、消費の自由裁量獲得期に経験した
モノ・コトがベースにあるが、
年齢とともに質や量で求めるものが変わってくる。
また時代の流行り廃りも加わっていく分野でもある。
下の世代ほど、
食事そのものが目的ではなく
（どちらかと言えば、どうでも良かったりもする）、
その場に集まること、
そこでおしゃべりをする時間が重要になっている。

ライフステージの変化と、言い訳・抜け道充実分野

食分野に関しては、プレバブル世代ほど産地へのこだわりが強くなる。ジャンクフード育ちのポストバブル世代の場合は、子育て中はある程度意識しているものの、子供がアレルギー体質などでない限り新鮮であれば良いといった発言が多く、家計費の一番の節約対象になっている。ＤＣ洗礼世代以上では、子供も独立もしくは社会人となり、家で食べる量が減ってきていることや自分たちも少量になってきていることもあって、少々高くても出所のはっきりした美味しいものを食べたいと思っている。刷り込み以上にライフステージに左右される要素が大きい領域と言えそうだ。

ハナコ世代から団塊ジュニア世代に関しては、外食・内食ともに、食材やメニューに関してメリハリをつけながら美味しいものを摂る工夫を凝らす。「素材が安全で美味しく、ダシや調味料が確かなものであれば、手間をかけた料理よりも美味しい」などという言い訳をしながら内食も美味しいことに留意する。惣菜やレトルト食品の充実だけでなく、有名シェフが薦める調味料など、手抜きポイントはいたるところに用意

プレバブル世代にとって「食」はコミュニケーションの主役。

されており、工夫如何で自分を納得させられる。

プリクラ世代にいたっては、〇〇というメニューの名前がつけられないような、よく言えばオリジナリティ溢れる、悪く言えば雑多な食事をしていることも少なくない。

モノが豊かな生活をしてきているポストバブル世代にとっては、食べることに対しての貪欲さが極めて希薄と言える。ただし、ハナコジュニア世代に関しては、第2章でも触れたように、祖父母の側に住んでいることも多く、意外と健康にこだわった食生活を志向していたりする。

食とコミュニケーションの主従関係

また、「〇〇を□□に食べに行く」というように、食がコミュニケーションの主役になるプレバブル世代と、集まって楽しいおしゃべりをする場に食がついてくるといった、食が主役にならないポストバブル世代との違いは大きい。「できることなら食べたくない」と、食事の時間さえも惜しむ発言が出てくるのもやはりポストバブル世代だ。

家庭食から始まり、洋食時代を経て、ファミレスを通過し、イタリアン、フレンチ、創作和食、エスニックと、食材の流行とともに経験を積んできたプレバブル世代にとっては、「美味しいものを食べるのが楽しみ」と目的のひとつとしてカウントできる。その点、すべての食材が一堂に会し、いつでも食べようと思えば食べられる環境にあるポストバブル世代では、他の「楽しみ」が優先されてしまうのである。その点からも、「○○は□□から採れている」といった食うんちくに積極的に反応するのも多くはプレバブル世代と言えるだろう。

食はコミュニケーションの場に存在する分野だが、その主従関係はプレバブル世代とポストバブル世代とで大きく異なっている。

住・インテリア

	キネマ世代	団塊世代	DC洗礼世代	ハナコ世代
刷り込みと重視ポイント	・和ベース ・家は資産/応接間	・洋ベースに和アクセント ・マイホーム/リビング	・デザイン性 ・個性	・モデルハウス風 ・スタイル性
意識すること	内と外を区別	もてなし／人に見せる		
シンプルの意味	整理・整頓	モノが見えないこと	すっきりしたセンスの統一感	
居心地のよさ	思い通りの位置にモノがあること	モノがなく掃除がしやすい状態	おしゃれ意識に合致していること	他人から認められるステイタス感

	ばなな世代	団塊ジュニア世代	プリクラ世代	ハナコジュニア世代
刷り込みと重視ポイント	・シンプル&ナチュラル ・趣味性	・シンプル&ナチュラル ・ブランド	・テイストミックス ・好きなものに囲まれる	・テイストミックス ・好きなものに囲まれる
意識すること	自分がくつろぐ			
シンプルの意味			好きなものに囲まれていること	
居心地のよさ	ナチュラル感がある		温かみがある	嫌いなものがない

住・インテリアは、消費の自由裁量獲得期に経験したブランドやテイスト感に、
年齢的なクオリティ感などが加わっていく分野である。
ファッションなどとは違い、
とっかえひっかえ消費する分野ではないだけに、
育った住空間といった自らの経験だけでなく、
その当時流行っていたカフェやレストランのインテリアや
旅館・ホテルの様式などが憧れとともに
居心地の良さを追求するものになっている場合が多い。

テイストと居心地の良さ

ワンテイストで決めるプレバブル世代にとっては、テイストの如何はさておき、同じテイストで統一されていることが心地良い。自分たちがレストランやメディアで目にしてきた様式はそれが当たり前だった時代なのである。その意味ではファッションと同じく、ポストバブル世代からの住・インテリア消費はテイストミックスが当たり前になる。プリクラ世代以下がテイストミックスを志向するきっかけは、カフェブームとインテリア雑貨屋の充実だ。２０００年頃から増殖してきたカフェは、それまでの画一的なインテリア空間で食べることと清潔感に主眼が置かれたレストランとは違って、テーブルや椅子もばらばらで、ソファや畳で寛ぐスペースもあるなど、さまざまなテイストを混在させ、そのミックス感がひとつの世界観となって発信されていた。照明は暗く、音楽が流れ、カルチャー誌や小物雑貨なども揃えられており、飲食だけでなくライフスタイル全体を提供していたのがカフェやインテリア雑貨屋だったのである。

キネマ世代は、あくまでも和風がベースであり、自宅には他人を招く和室や応接間があった人たち。家族と他人とを区別する文化が深く根付いている。その後、団塊世代から下世代でＬＤＫという考え方が定着、家族が集う場が他人にも自分たちの暮らしを披露する場として機能するようになってきた。そんなプレバブル世代においては、洋がベースで和のアクセントという形が主である。一方、ポストバブル世代に関しては、テイスト云々というよりも自分の好きなものに囲まれていることが第一であり、画一的なもの、人為的なものへの抵抗の方が強いのである。

あかり、香り、グリーン、気分を作用する必須アイテム

蛍光灯文化の中で育ったプレバブル世代にとっては、蛍光灯の明るさが家の中の照明の基準。リビングにおけるダウンライトやダイニングにおけるリーラーペンダント（巻き上げ式照明）など、目的別に照明の種類が言われ出したのはつい最近の話である。住空間の考え方が整理整頓やシンプルであれば良いといった単純な表現でしか表せないプレバブル世代とは違って、ポストバブル世代は自分の居心地の良さを作り出すことに貪欲である。外部と遮断され自分が開放されるための重要な場所と

プレバブル世代の「家」は対外的アピール。ポストバブル世代の「家」は自分開放の場。

して住空間を考えていることもあり、気分を左右するアイテムには関心が高いのだ。間接照明を工夫したり、アロマキャンドルなどを照明として取り入れている人も少なくない。また香りは何においても非常に重要な要素になっており、ないがしろにはできない。フレグランスなどで自分演出することよりも、気分転換や和み効果、いわばストレス解消を促す必需品なのである。また、和みのひとつとしてグリーンの存在も大きい。プレバブル世代が、自宅を演出したり、栽培して自分の成果を確認するものとして花やグリーンを生活に取り入れているのに対し、ポストバブル世代にとっては、「グリーンを見ていると優しい気分になれる」など、偏りがちな自分の気分をバランスよく整えてくれるものになっているのである。

家を持つこと、つまり箱を入手することが対外的アピールになり、それを主目的として家をとらえてきたプレバブル世代と、自分の居心地追求が最優先されるポストバブル世代とでは、家に対する意識も求める質も異なるのである。

カルチャー・レジャー

	キネマ世代	団塊世代	DC洗礼世代	ハナコ世代
刷り込みと重視ポイント	・映画、ダンス、カメラなど ・贅沢なもの	・アメリカンレジャー ・家族で楽しむもの	・マニアックカルチャー ・自分で楽しむもの	・海外旅行 ・非日常を意識するもの
意識すること	学習と成果	レジャー主役のコミュニケーション		
楽しさの意味	日常生活のきざみ	非日常／生活メリハリ		
リラックス&くつろぎ	自分のペースでできること	気分転換		

	ばなな世代	団塊ジュニア世代	プリクラ世代	ハナコジュニア世代
刷り込みと重視ポイント	・リゾートレジャー ・気分転換	・サークルレジャー ・仲間で楽しむもの	・地元カルチャー ・仲間で楽しむもの	・母娘カルチャー ・コミュニケーション
意識すること				
楽しさの意味		日常の延長／瞬間的アクセント		
リラックス&くつろぎ	何かに集中する			

カルチャー・レジャーは、
消費の自由裁量獲得期に経験したモノ・コトを引きずるケースと、
過去にやりたくてもできなかったものが再燃するケースとに分かれる。
年齢の高い世代ほど、若い頃に経済的・時間的制限から
手を出せなかったものに挑戦する事例が多い。
カルチャー・レジャー分野は生活の楽しみとして、
なくてはならないものであり、プレバブル世代にとっては刺激剤、
ポストバブル世代にとってはエネルギー源になっている。

レジャーと言えば「旅行」の揺るがない地位

長引く不況や、潤沢な可処分所得の持ち主ばかりではないこともあり、レジャーにかける費用も千差万別。しかし、「旅行」をしたいという思いはどの世代も共通して持っており、生活を充実させる楽しみのひとつになっている。

ただ、遠出することで日常から乖離した気分になれるプレバブル世代と、仲間とコミュニケーションさえとれれば近場であろうとも新鮮な気分が得られるポストバブル世代とでは旅行に求めるものもまた異なる。

社員旅行など企業で旅行・レジャーを企画する場合、社員の年齢には幅があるが、旅行に関する女性の価値観は基本的には変わらない。企画キーワードは、「限定」（期間・数量）、「ちょっとした違い」「選べる」。飛行機は一緒でも、現地での行動は別にすることで社員旅行の参加率も上がるようだ。とは言え、全体的には社員旅行自体の数が減り、その替わりに相互コミュニケーションの場としてのイベントの需要が増えていると考えられる。

女性が魅力を感じるキーワードに大差がないとしても、現地での別行動企画が受けたり、宿泊をともなわないイベントにシフトしたりしている傾向から、世代の嗜好性の違いがうかがえる。プレバブル世代が、公私に関係なく、「旅行」であれば日常から離れて楽しいものだと思えるのに対し、公私の交流関係は分けたいと思っているポストバブル世代にとっては、親しい身近な人との旅行にならメリットを感じるが、そうでないものはなるべく避けたいと思っている。

また、食同様、旅は世代によって、その目的が旅自体にあるのか、あるいは仲間と集まることにあるのかの違いがある。

納得感と変わった感が欲しい

習い事、イベント参加やボランティア活動などには世代に関わらず、多くの人が応募をする。年齢を問わず、女性というものは日常とは違う場面を自分の生活に組み込んでいくことに積極的で、安定した毎日を望みながらも生活の彩りを欲していると思われる。

子供が独立し、夫や自分もリタイアしたキネマ世代や一部の団塊世代にとっては、毎日が日曜日。自ら動かない限りはマンネリ感を拭えない状況にある。人生80年、そのマンネリに幸せが感じられるまでにはまだまだ相当の年月を要するのだ。

そのため、長期にわたる習い事やスクールに手が伸びやすいのはプレバブル世代である。経験を積んでいくことで自分の血肉にしていくことが当然の世代である。その反面、楽しいことを聞きかじりたいポストバブル世代にとっては「単発」「イベント」などが魅力になる。また、ボランティアに関しては、他人のために役に立ちたいといった思いが強いプレバブル世代と、自分の居場所を確保するといった思いが強いポストバブル世代では参加の動機づけが大きく異なると言えそうだ。

ショコラを使ったお菓子の商品開発などを手がける株式会社ポットラックインターナショナルが主催する「ショコラ講座」は、「嗜好品としてのショコラを勉強してショコラを日常生活で楽しむきっかけやヒントになれば」という思いから実施されており、単なるブランドものを寄せ集めての食べ比べのようなグルメ的講座ではない。「Hanako」の〝プチ資格〟紹介コーナーで掲載されたのが初級講座を開いた最初。カカオ豆の産地や品種、クーベルチュール（カカオバターの含有量が多い製菓用のチョコレート）についてなど、基礎知識を学ぶコースだ。ここでは受講証明としてディプロマ（修了証書）が発行される。その後、中級の講座で、ショコラとお酒のマリアージュを勉強する会として、ウィスキーとショコラの組み合わせを学ぶことを目的に、シングルモルトウィスキーのサントリーとのコラボ企画を開催した。イベントだけに留めず生活の中にショコラを浸透させてもらいたいという思いから始めたものだ。

受講者は、ワインやチーズのテイスティングをしたことがあるような人から、全くの初心者まで、さまざまだという。ただ、ディプロマの発行があるかないかで応募人数に影響するそうだ。学んだという自己満足だけでは充たされない、そこには「あなたは確かにその知識を持ちました」といったお墨付きが欲しい、巷の検定ブームに似たものを感じる。この不安定なご時世にあって何らかの証が欲しいポストバブル世代にとっては、実際に使えるか否かは別として、ディプロマが充実感と納得感を得られるものになるのだろう。

また、「知識」から「実践」は非常に入りやすいステップである。プレバブル世代が魅力に感じるうんちく的な要素での訴求と、ポストバブル世代が魅力に感じるイベント的なノリとの掛け合わせで、彼女たちがこれまで得てきた知識を実践に移す場を用意してあげることが世代を超えた取り込みにつながるものだと思われる。

情報・コミュニケーション

	キネマ世代	団塊世代	DC洗礼世代	ハナコ世代
刷り込みと重視ポイント	・アナログ 95年　50~59才	・アナログ 95年　44~49才	・アナログ 95年　37~43才	・アナログ+デジタル 95年　31~36才
情報源	TV、新聞、ラジオ 仲間、子供	TV、新聞、ラジオ＋週刊誌 仲間、子供、下世代		女性ファッション誌 インターネット
求めるもの	安心材料	話題性・流行		
情報感度	低い			

	ばなな世代	団塊ジュニア世代	プリクラ世代	ハナコジュニア世代
刷り込みと重視ポイント	・アナログ+デジタル 95年　25~30才	・デジタル+アナログ 95年　19~24才	・デジタル+アナログ 95年　9~18才	・デジタル+アナログ 95年　3~8才
情報源	ライフスタイル誌、インターネット クチコミは仲間とwebサイトを併用	インターネット		
求めるもの	安心材料 話題性・流行			
情報感度				高い

情報力や情報感度の変わり目は、
何と言ってもウィンドウズ 95 が普及した時点の
年齢とライフステージによるところが大きい。
情報源の中心が、紙媒体などのマスメディアから
インターネットにとって代わっていたかで大きく別れる境目が
ばなな世代と言えそうだ。
ただ、クチコミ情報だけは、世代に関係なく誰にとっても
一番信頼のおける情報源になっていることは確かである。

ウィンドウズ95の普及時期のライフステージは？

ウィンドウズ95が発売された当時、ばなな世代は25才〜30才になっていた。社会人になってからそれまではワープロやＦＡＸが中心機器であった時代である。すでに結婚して家庭に入っている人も多く、職場でパソコンに触れていない場合、スタート時期にかなりの差が生じている。つまり、プレバブル世代の場合は、職場環境、家庭環境、個人の積極性によりインターネットに対する態度は異なっているのである。実際にキネマ世代では自分がインターネットやメールを使いこなせても、相手が使えないといったことも多く、共通インフラにはまだなっていないのが現状だろう。ケータイについても、これだけ普及し、新機能の開発もめざましく、通信だけでなく情報機器としても活用されておかしくないのだが、プレバブル世代にとっては、通信機器止まりが多いと思われる。

その点、団塊ジュニア世代以下のポストバブル世代にとっては、学生時代からＩＴ機器に触れている場合も多く、ハナコジュニア世代になると小学校からパソコンが導入され、家電のひとつとして幼少から身の回りに存在している。調べものは「まずはインターネット」でというのが当たり前の世代である。

ただ、社会人としてインターネットに触れる機会が多かったとしても身近な情報源として信頼しているか否か、購入チャネルにまでなっているか否かは、個人差が大きいと言えそうだ。

同窓会のネットサービスを行っている同窓会ネットでは、「同窓会をしたいが、幹事が面倒くさいからなかなか開けない」といったネガティブ要因を解決することでビジネスに置き換えた。事務作業のすべてを同窓会ネットで請け負う。利用したネット上の掲示板や写真館は永続的に残ることもあり、リピーターも多い。同窓会を単なるイベントで終わらせない仕掛けをしているのだ。需要が多いのは、卒業して10年、20年という節目の同窓会だ。顧客は40代、50代が中心になっている。特に最近は団塊世代の「還暦時に同窓会をしたい」という需要が増えているという。

アナログで作業をすることになれている世代であっても面倒なことはしていられない、使えるサービスはできるだけ使いたいといったところだろう。メールを頻繁にやりとりしているポストバブル世代とは違って、手紙や電話などで年に数回しか連絡を取り合うことのなかったプレバブル世代にとっては、非常に有効なシステム。単に情報収集・発信に使うツールとしてのパコソンではなく、人とのつながりを保つ機能として認識させるきっかけとなる事例と言える。

クチコミ威力に勝るもの無し

最終的な情報価値は、世代の上下に関係なく、クチコミの威力に勝るものは無さそうだ。ただ、プレバブル世代にとっては生活の中に組み込まれているTVや新聞・雑誌などのマスメディアに影響される部分が今もなお大きい。しかし、ポストバブル世代においては、もともと世間より仲間うちに身を置き、身の回りの人間の意見を尊重する傾向にあるだけに、その仲間の影響がかなり大きく働く。

TVショッピングの場合は、マスメディアでありながらも親近感を覚えてしまうキャラクターを立てることで、どこかマスメディアの領域を出てクチコミ領域に入り込む要素を持っていそうだ。

いずれにしても、めまぐるしく増大する情報に右往左往することに疲れた生活者にとっては信頼の置けるものは顔を知っている人間からの情報になっても当然であろう。影響力を持つクチコミ発信者の存在に他情報はなかなか勝てそうにないのだ。

第４章

生活価値観クラスター

他人と社会が女をつくる

他人や社会との価値観で生活者のグルーピングができる

ここまでは、社会背景や時代などの共通体験から形成される生活者の価値基準となる〝世代論〟についてまとめてきた。しかし、現代では、プレバブル世代・ポストバブル世代ともに「頑張ってお受験し、有名な大学に入れば上場企業に就職でき、終身雇用で将来安泰」といった従来の枠組み・道筋が通用せず、情報過多と言われる環境の中、自分自身の価値観でモノ・コトを選択していかなければならない。

女性像にしてもしかり。ほんの20年前までは、結婚して退職し専業主婦として良き妻・良き母になる道か、結婚しないでキャリアウーマンを貫く道の極端な二者しかなかった選択肢も、インターネットでのお小遣い稼ぎから人材派遣登録による単発仕事、趣味を生かした起業までさま

女性の生きる選択肢が増えてきた今、世代を超えた「生活価値観クラスター」が重要。

ざまな形で女性と社会との接点・自己実現の道が広がっている。

その中にあっては、共通体験による世代価値基準を根底に持ちながらも、「私は自力で自分の地位を築く」「私はセレブになりたいから玉の輿で」「私は自然体で有機的に生きる」などなど、ライフスタイルにおける価値観=生活価値観によって生き方や消費の方向性に大きな違いが見受けられるようになってきた。つまり、世代を超えたグルーピング=生活価値観クラスターについても把握する必要があるのだ。

これまでの調査から、生活者の価値観形成背景には、他人との距離感、社会との距離感が多分に関わっていることが見えてきている。そこでこの章では、他人と社会との関わり方を軸に分類した5つのグループについて言及。前述した世代論と掛け合わせてターゲットの絞り込みに生かしていただきたいと思っている。

第1章「プレバブル世代vsポストバブル世代」では、上向きか・横向きかという生活者の視線の違いを、第2章「世代論」や第3章「市場論」では、20歳前後に体験したファッションやカルチャーから受けている感覚的な志向性の違いを、第4章「生活価値観クラスター」では、日常の暮らしの中で重視する点の違いをとらえていただきたい。それらが掛け合わされたものが生活者の現在の消費特徴にあらわれていると考えられる。

ｉｆｓ独自の視点による生活者の価値観分類を行うにあたり、まずは20才～60才を対象とした定量分析（Ｗｅｂ調査／女性６５６名）を実施、ビジュアルアンケートとデプスヒアリングなどの定性調査と合わせて、各グループの生活価値観や消費行動について分析した。61歳以上のキネマ世代の価値観形成時期には戦後の窮乏期の影響が強く、皆が一様に一億総中流を目指していた。女性はここでいう『ほどほど良妻賢母』を良しとしていただけに、価値観の枝分かれまではしていないととらえているため、この章からは除外している。５つのクラスターのネーミングに関しては、シングルや既婚、子ありという属性を超えて使えるものと考えている。

生活者をとらえるモノサシ

「経済」軸から「人絡み」軸へ、価値観形成基準はシフトしている

価値観形成背景

ｉｆｓでは05年にも同じ生活価値観項目で調査・分析を行った。その際には「経済」的価値観が生活者を区分する軸として強かったが、07年に行った調査からは、「経済」軸つまり、「経済的に豊かになりたい」という上昇価値基準が、プレバブル世代・ポストバブル世代を問わず、今の生活者の上位概念にはないということが明らかになった。もちろん、お金はあるに越したことはないと皆が一様に思っている。しかし、

■生活価値観調査項目

出所：ifs

・無理して頑張るのはカッコ悪い	・歩みは遅くても地道に進んでいきたい
・何事にもできるだけ頑張る	・多少リスクをおかしてもチャレンジしたい
・自分の生活はステップアップしていきたい	・失敗をしないようにリスクをおかさない
・等身大の生活、身の丈にあった生活がしたい	・社会全体のためには不便なことも我慢できると思う
・収入よりも自分のやりがいや自己実現を優先したい	・世間や仲間など他人の目が気になる
・枠にとらわれず自分らしさを発揮したい	・世間の目よりも、仲間の目が気になる
・理論や理屈よりも感性や感覚を大事にしている	・人間関係を広げ、色々な人と積極的に付き合いたい
・効率的で無駄のない時間の使い方をしている	・人に評価されることが大事だ
・合理的でシンプルな生活がしたい	・家族や友達との時間より自分ひとりの時間を大事にしている
・環境に配慮した生活をしている	・友達のような親子関係がのぞましい
・こだわりのある分野は狭いが深く掘り下げていきたい	・友達のような夫婦関係がのぞましい
・経済的に豊かな生活がしたい	・（自分の気持ちよりも）その場の空気や和を大事にしている
・時間や気持ちが豊かな生活がしたい	・たとえ家族であっても個人の行動を優先すべきだ
・積極的に社会に貢献したい	・地域の人と積極的に関わっている
・多少無理してもお金を稼いで良い暮らしを送りたい	・親戚付き合いを大事にしている
・「人生はなるようになる」と楽観的に考えている	・職場や仕事仲間とプライベートの付き合いはしない
・将来の夢や目標にこだわりたい	・ざまざまな情報を分野を限定せず取り入れる
・将来どうあるかよりも「今」楽しいことを重視したい	・新商品や新しいスポットは必ずチェックする

収入アップを望んだ頑張りや時間投資がなかなかできず、実収入につながらない昨今の社会構造に慣れてきたのが今の生活者。経済的豊かさを目的にした人生設計はできないという現実から「普通に働いていたら収入アップは望めないかも」などという環境を受け入れているという見方もあるが、「マネートレードなどで一気にお金持ちになったところで、パソコン画面に釘付けの何もない生活なんて味気ない」などといった経済的豊かさに対する意識の変化が見られるのだ。

そんな社会の変化の中で、新たに浮上してきたのが「人絡み」軸である。今後の生活者分析では、「人との関わり方」「社会との関わり方」、つまり「他人との距離のとり方の違い」から生活者を深堀りすることが、クローズアップされてくるであろう。

もともと「自分（個人）」らしくあることが重要なのが女性だが、最近では特に自分らしく生きるための選択肢が広がり、価値観が多様化してきているのだ。

生活価値観クラスター
ポジショニングMAP

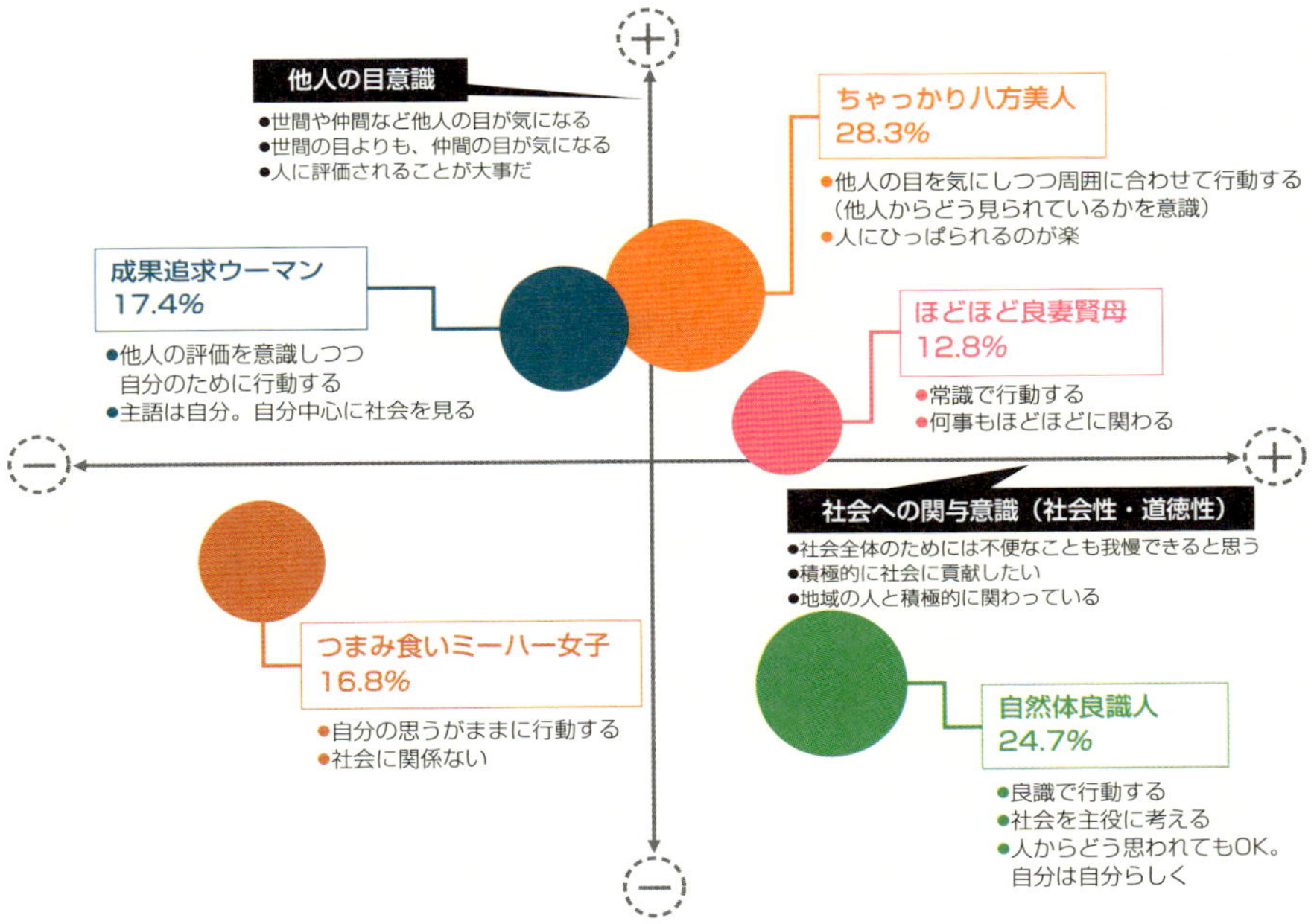

他人の目意識
●世間や仲間など他人の目が気になる
●世間の目よりも、仲間の目が気になる
●人に評価されることが大事だ
ちゃっかり八方美人
28.3%
●他人の目を気にしつつ周囲に合わせて行動する（他人からどう見られているかを意識）
●人にひっぱられるのが楽
成果追求ウーマン
17.4%
●他人の評価を意識しつつ自分のために行動する
●主語は自分。自分中心に社会を見る
ほどほど良妻賢母
12.8%
●常識で行動する
●何事もほどほどに関わる
社会への関与意識（社会性・道徳性）
●社会全体のためには不便なことも我慢できると思う
●積極的に社会に貢献したい
●地域の人と積極的に関わっている
つまみ食いミーハー女子
16.8%
●自分の思うがままに行動する
●社会に関係ない
自然体良識人
24.7%
●良識で行動する
●社会を主役に考える
●人からどう思われてもOK。自分は自分らしく

生活価値観の違いから現代の女性像は
5つに分類される。
各クラスターにおけるファッションやカルチャーの志向は
個々の趣味嗜好はあるものの、
その組み合わせ方など表現やアプローチ方法には
世代の違いが反映されている。

■生活価値観クラスターの世代割合　出所：ifs

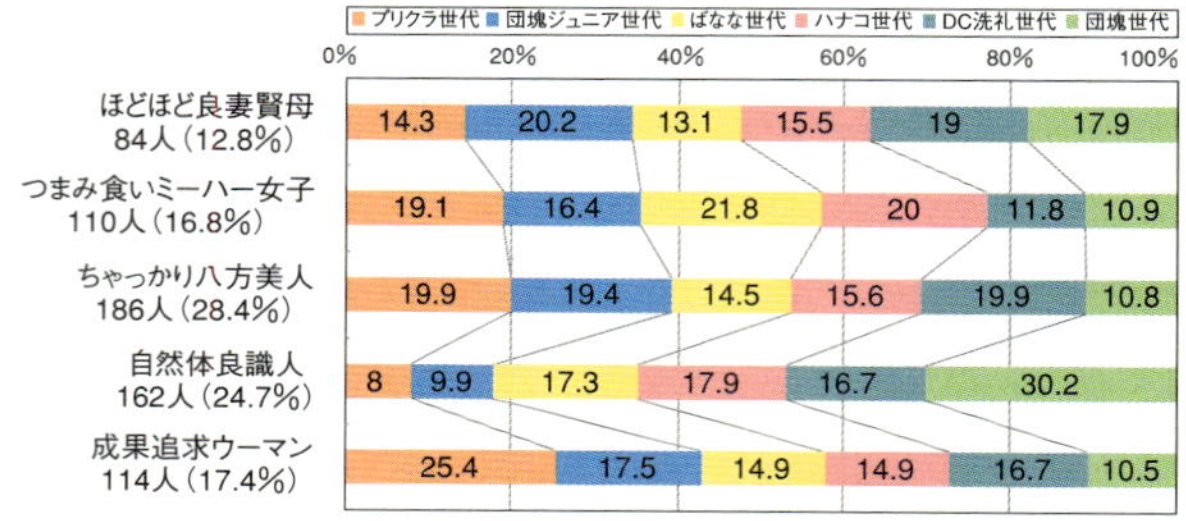

生活価値観クラスターポジショニングMAP

タテ軸は、「他人の目」意識。上にいくほど、「他人の目」意識が強くなり、下にいくほどその意識が弱くなる。要するに、「世間の目や仲間の目が気になる」・「人に評価されることが大事」といった価値観の強弱を表している。また、ヨコ軸は、「社会への関与（社会性・道徳性）」意識。右にいくほど、「社会全体のために不便なことも我慢できる」・「積極的に社会貢献したい」という価値観が強くなる。

タテ軸よりも右側に位置する社会関与意識の高いグループは、何事も普通・平凡を好み、いたって常識的に行動する『ほどほど良妻賢母』と、他人の目を意識しながら周囲に行動を合わせ、リーダーについていくタイプの『ちゃっかり八方美人』、社会を主役に考え、自分の意志を持って良識的に行動する『自然体良識人』に分かれる。一方、タテ軸よりも左側に位置する社会関与意識の低い中では、他人がどう思おうと関係なく自分の思うがままに行動する『つまみ食いミーハー女子』と、あくまでも自分を主役におきながらも、その位置づけがいつも気になり他人の評価が欲しい『成果追求ウーマン』とに分かれる。

■生活価値観クラスターの世帯年収分布　出所：ifs

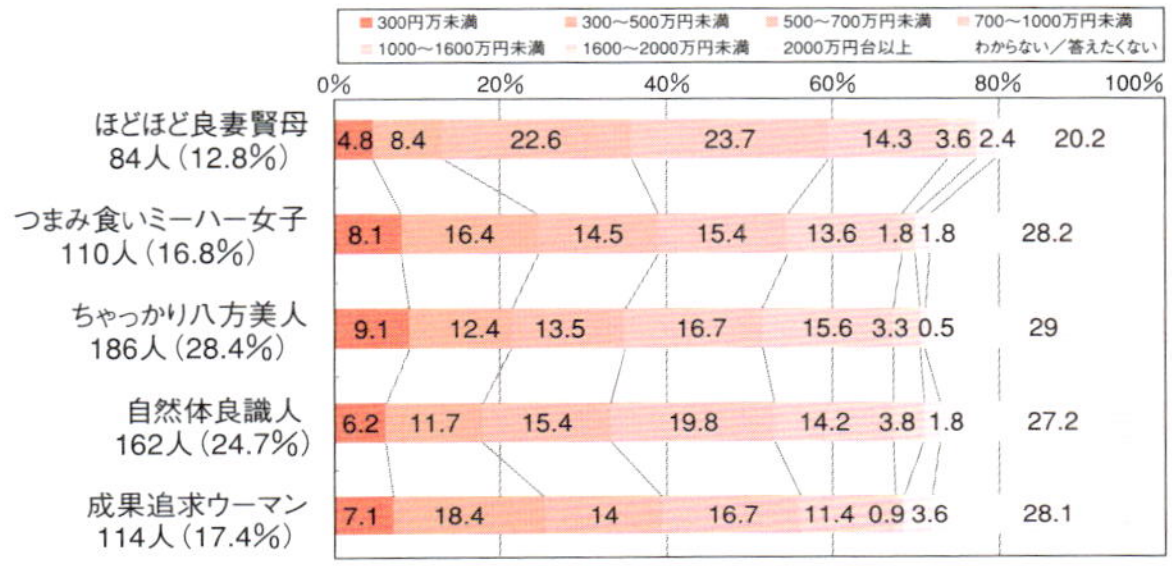

生活価値観クラスターの関係と今後の変化

新しもの好きの『つまみ食いミーハー女子』は、世間の評判などとは関係なく、直感で情報を判断し、自分自身は消化せずとも周囲に発信するフットワークの軽さから、他のクラスターへの影響力が強い。204頁の図で分かるように、消費の申し子ハナコ世代と〝旬〟意識の強いプリクラ世代が多いグループでもあり、ミーハー意識が強いのが特徴だ。

また、このような意識は独身女性の特徴のように思われがちだが、既婚・子ありが55・5％（223頁）いることからも、決してシングルだけではなく、結婚や出産によってライフステージが変わっても、常に生活に変化を求める行動・意識をなかなか変えない人たちがいるということだ。ただ、いろいろつまみ食いした結果、どっぷりとハマれる関心ごとに到達、その中で向上心に目覚めれば、『成果追求ウーマン』にシフトする可能性もありそうだ。

周囲への影響力を持っているもうひとつのグループが『成果追求ウーマン』。自分にとってメリットがあると思われる世の中の現象・事象を押さえつつ、自分の関心領域を深める情報収集力に長けているタイプゆえ、『つまみ食いミーハー女子』に比べ、自分自身でその情報を消化し

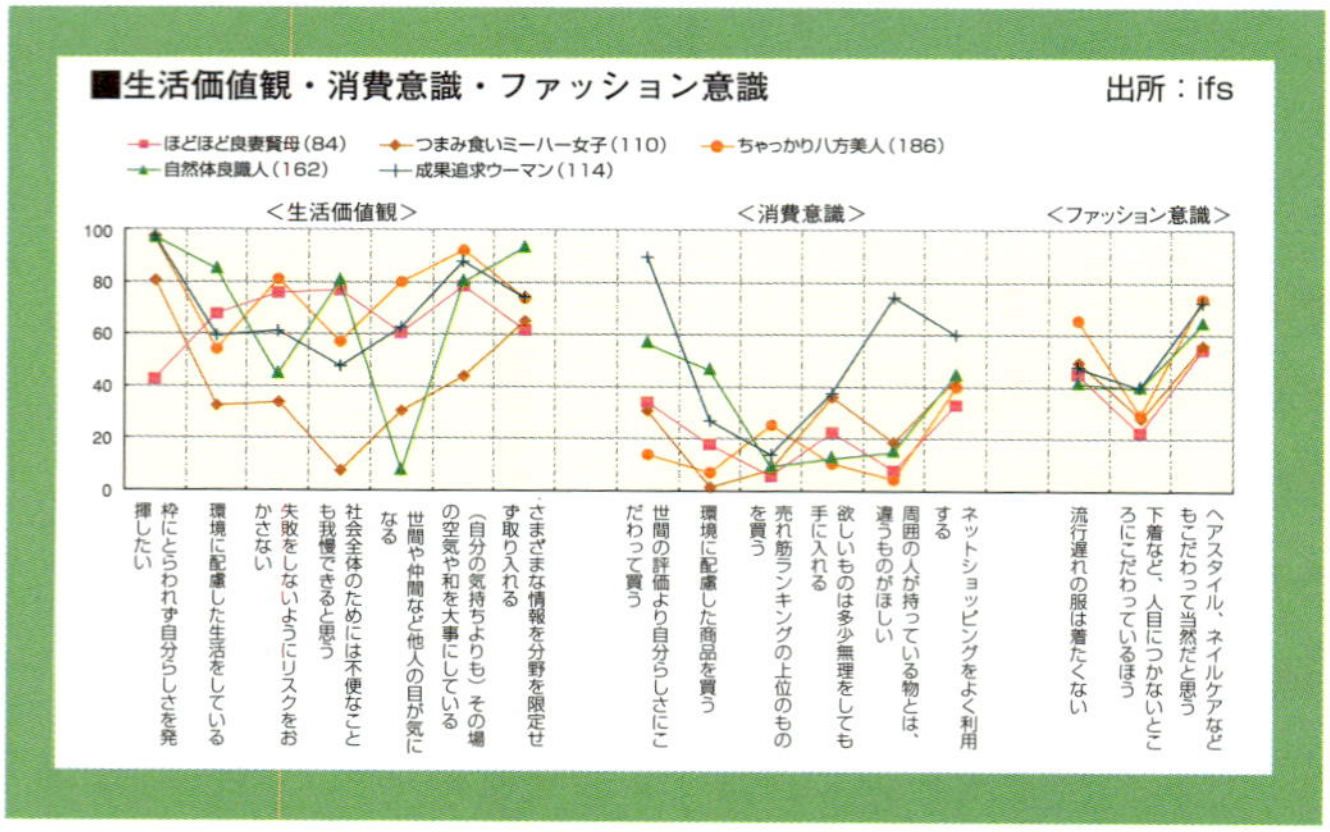

てから確かな情報発信を行う完璧主義者でもある。また、その向上力の高さゆえに周囲から一目置かれる存在でもある。204頁の図のように、プリクラ世代が4分の1を占めていること、シングルとディンクスが合わせて60・6％（263頁）、有職主婦が62・4％（263頁）を占めることからも、なるべくなら回り道はしたくない無駄嫌いであり、仕事を通して社会での位置づけを確認する傾向にあることがうかがえる。中には、子育てなどライフステージの変化にともない、自分優先の意識が弱まり周囲とのバランスをとるなどの客観性を身につけ、『自然体良識人』に移行する『成果追求ウーマン』がいる可能性もありそうだ。ただし、もともと意志の強さと頑張り力を持つ人たちだけに、子離れなどのライフステージの変化によって自分時間が豊富になれば、また『成果追求ウーマン』に戻ってしまうかもしれない。

そして、この2グループの影響を一番受けているのが『ちゃっかり八方美人』だ。周囲に引っ張ってもらうのが楽だと思っている人たちだけに、自ら進んで情報を取りにいくよりも、降ってくる情報やランキング情報などから、日々を楽しくしてくれる、リスクのないモノ・コトを効率よく取り入れていく。モノ・コトそのものよりも、身近な仲間や家族と仲良くするためのツールを入手しているという見方もできそうだ。周囲から遅れることを一番嫌がるため、流行を追うことにまったく抵抗のないグループと言える。人数的にも一番多いマス層、フォロワー層であることは間違いない。ＤＣ洗礼世代、団塊ジュニア世代、プリクラ世代がそれぞれ20％近くを占める（２０４頁）。このグループは、根っからの〝八方美人〟であり、他のグループに移行することはなさそうだ。

また、同じようにリスクなく成果を入手しようとする『ほどほど良妻賢母』は、新商品が世の中に６割方浸透してから入手するため、トップ層とのタイムラグがありそうだ。あくまでも標準的で普通の生活を送るために必要なモノ・コトにしか興味がないと言っても過言ではない。リスクはまったく負わず、とにかく確実性・安心感を求め、『ちゃっかり八方美人』以上のフォロワー層になる。良妻賢母と名付けたが、決して既婚・子ありの女性だけを指しているわけではなく、独身者であっても、流行などに興味がなくミーハーとはかけ離れた堅実な消費をする、「いつかはよいお嫁さんになるだろうな」と思わせるようなタイプである。データ的にもシングルが19％（２１０頁）含まれる。また、２０４頁の図でも分かるように、保守的な団塊ジュニア世代が多いことも特徴だ。『ちゃっかり八方美人』同様、根っからこのグループに所属する人たちであり、ライフステージが変化しても他のグループに移行することはないと思われる。

最後の『自然体良識人』は、偏りなく広く情報にも触れながら自分と社会のバランスを重視し、客観的にモノ・コトをとらえていくタイプ。人に対して何かを強要するようなことはないが、譲歩しつつも主体性を忘れない。最終的には、「社会にとって」「地域にとって」「家族にとって」「仲間にとって」どうなのかという判断を重視する。生活を豊かにすることに関心が高いため決して倹約家ではないが、自分にとって無駄なものには一切手を出さない人たちである。5グループ中、団塊世代の割合が最も多いことからも（204頁）、人生経験の豊富さから良識を備えて、このグループに位置している場合が多そうだ。意志の強さで共通する『成果追求ウーマン』からこのグループへの移行者はいるものの、もともと『自然体良識人』に所属する場合は、無理しないことがひとつの特徴ゆえ、目標達成のために無理を厭わない『成果追求ウーマン』に移行することはなさそうだ。

■普通・平凡・保守
■社会の常識枠内
■中庸・中道
■将来目線
■実質重視・堅実

ほどほど良妻賢母

プロフィール

普通が一番。波風のない平凡な毎日を送る

「平凡な生活が一番幸せ」と心の底から思っている女性である。控えめでいながら、家族の中や職場、地域社会でも自分の役割をしっかりまっとうし、家族を第一に考え、堅実にやりくりする……といったイメージだ。役割に関してもイヤイヤとか義務でしているというのではない。役割をまっとうすることが自らの充足感につながっており、ミーハーに欲張る女性が多い中、浮わつくことなくどっしりと腰を据えて平凡でも

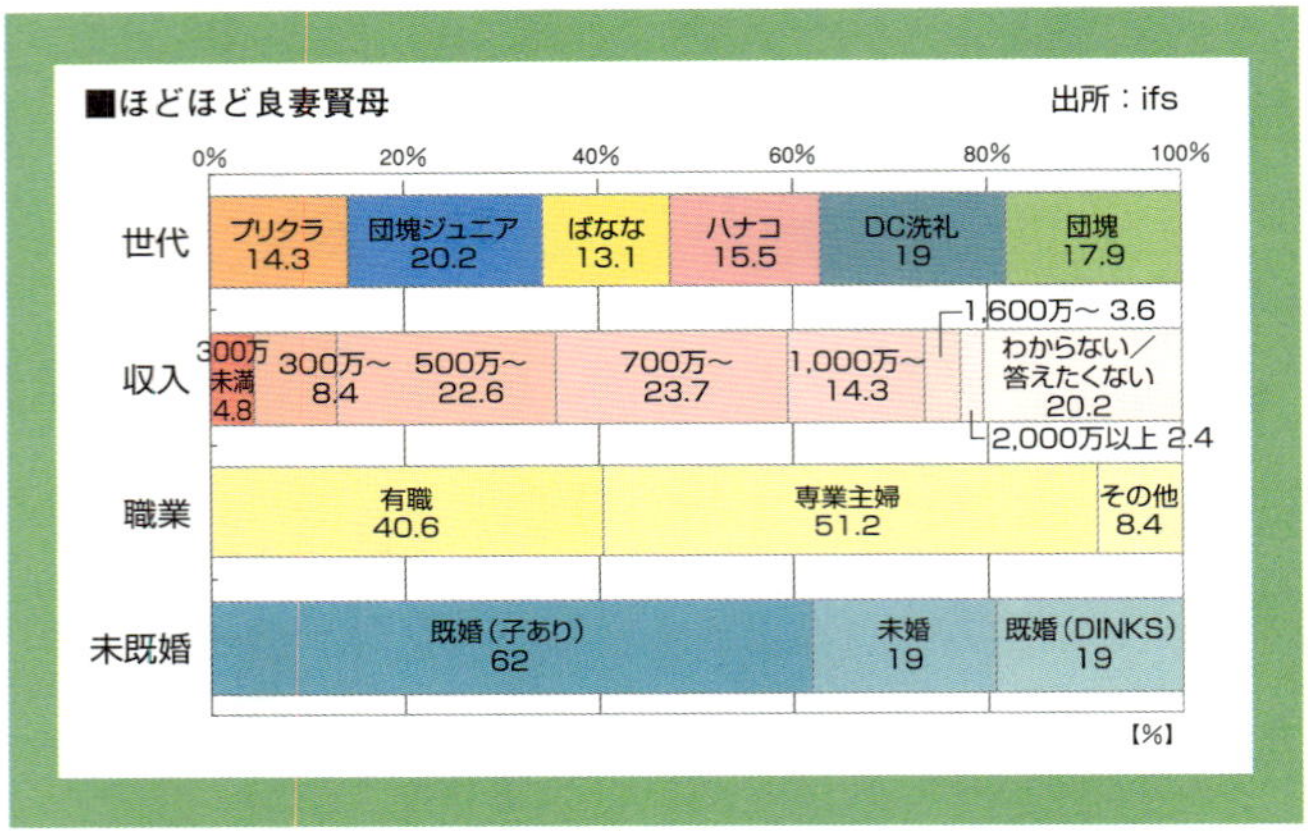

波風の立たない人生を歩みたいという芯のあるタイプだ。また大家族意識、社会常識に従うなど、全体的に保守的な傾向が強い。情報には容易に流されないが、世の中の〝本流〟はしっかりとらえてついていくグループである。

大きく世代で見分けた場合の違い

【プレバブル世代】昔ながらの専業主婦

『ほどほど良妻賢母』は、十数年前まではもっともメジャーなグループだったと言える。役割としての専業主婦を続ける団塊世代と、花嫁修業をしていた最後の世代であるDC洗礼世代に多い。プレバブル世代には、時代の流れの中で、典型的な女性の道を進んでいるうちに辿り着いたという人が少なくない。自分の意志で築いた価値観というよりも王道の価値観の持ち主と言えそうだ。

生活者の理想の生活

「家族みんなが健康で仲の良い生活」

「主人と子供たち、そして犬と一緒に、今と変わらず人の集う楽しくて明るい家庭でありたい。将来の不安の種は両親の健康。介護が必要になっても、それが中心の生活は送りたくないので、病院や介護施設の情報を集めて備えようと思っている」(50代前半)

【ポストバブル世代】地に足着けたニュータイプの大和撫子

ポストバブル世代にとっての『ほどほど良妻賢母』は、必ずしも〝古いタイプの女性像〟ではない。さまざまな生き方が可能である現代社会において、『ほどほど良妻賢母』という生き方を自らの意志で選択している点がプレバブル世代との違いだ。変化が多い時代の中で、アップダウンの激しくない日常に心地良さを感じる、地に足着けた女性たちである。保守的傾向の強い団塊ジュニア世代に多いのもうなずける。

■突出しない、何事もほどほど
■従来型の役割意識
■平穏・安定
■マイナスのない状態をキープ
■倹約しながら経済安定

生活者の理想の生活
「はつらつとした生活」

「家族と明るく温かな生活を送りたい。子供の成長とともに教育費がかかってくるのでパートに出るかもしれないが、子供より先に帰って『お帰り』と言ってあげたい。あまりお金をかけずにおしゃれで暮らしやすい部屋作りもしていきたい」（20代後半）

生活信条・生活価値観

平凡と安定が何より大事

変化のない〝平凡な生活〟は、ともすればありきたりでつまらない生活ともイメージされがちだが、彼女たちにとっての〝平凡〟は穏やかで平和な幸せを表現する言葉になっている。一番の特徴は、『ほどほど良妻賢母』の名の通り、「ほどほど感＝中庸」を良しとする点にある。突出することを好まず控えめだが決して〝自分を持っていない〟わけではない。ただ、〝自分をアピールする〟といった姿勢がないだけなのだ。彼女たちにとっての〝自己表現〟〝自己実現〟は役割をしっかりまっと

『ほどほど良妻賢母』は家族の中で本領発揮。

うすること。特に、娘・妻・母といった役割が求められる家族の中で本領が発揮される。子育て期であれば、子供のことを第一に考え、腰を据えてどっぷり妻・母という役割をまっとうすることに充実感を得るグループである。

マイナスのない状態こそが一番であり、攻めよりも守りの姿勢を重視し、リスクを回避する意識も高く〝保守派〟という面が強い。また、安定を裏付ける要素として欠かせないのが経済面。ただし、収入を増やすというよりも、今ある収入の中でやりくりすることで、生活の安定を維持しようと考えている。長期的な視点で生活を眺めながら、堅実に貯蓄をし、節約に精を出す。視線の先にあるのは、結婚、出産、子供の入学や卒業、夫の定年……といった〝ライフステージ上の節目〟。リスクは早い段階からケアするという姿勢は将来の来るべきこれらの節目に向けて資産作りに余念がないという点に表れている。

■［個＝家族］＞仲間＝社会
■家族は自分
■置かれた立場をまっとう
■ほどほど距離感
■社会のルール（常識）に従う

生活者コメント

・「毎日、同じことの繰り返しの平凡な生活だが、特別に不自由しているわけではない。普通に生活できることに満足」（20代後半）
・「家族写真は宝物。結婚して25年が経ち、特に意識はしていなかったが、夫婦、親子、兄妹の仲が良く、気が付いたらみんな健康で理想の家族になっていた。周りの人が言うには、これは簡単そうに見えて難しいことらしいので、妻・母として自信になっている」（50代前半）

人との関係

求められる役割と、世間のスタンダードに従う

ほどほどを良しとする価値観は、そのまま人との関わり方にもあらわれている。控えめに、「どうなんでしょうね」「そうかもしれませんね」と、肯定も否定もせず、かといってその場の話や空気に流されることはない。求められる役割をわきまえながら、自分の意思をしっかりと

持って人と接している。また、社会の中の一員であるという意識が比較的強い。さすがに〝ご近所の手前〟〝世間体〟といった世間の目にとらわれるような時代ではないが、保守的な価値観から、決められたことにはきちんと従う、社会の〝常識〟という行動規範に忠実なタイプと言える。その点、世間を意識する度合いは他のグループと比べると高い。環境意識に関しては、積極的に環境問題に取り組むというよりも環境に配慮することはいまどきの常識だと判断している。彼女たちにとっての世間や社会とは、ニュースや情報番組などメディアで映し出されるもの。これらを通じて、今のスタンダードをチェックしている。

生活者コメント

・「ホームパーティは、子供たちの受験で一時中断していたが去年から再開。仕切ってくれる人がいるので、自分はいつもサポート役に徹する。料理などの準備は大変だが、それに勝る楽しさと喜びがある」（50代前半）

・「専業主婦なので子供といる時間が長いため、子供の存在は自分にとってとても大きい。寝顔を見るとどんなに疲れていても癒される。頑張ろうという気持ちになる」（20代後半）

■長期的視点
■暮らしの知恵
■生活の彩り
■家族との関わり
■日常生活の維持

関心事

ささやかでも〝暮らし〟を充実させる

「1日の生活に欠かせないものは雑巾とハンドクリーナー。汚れがあったらすぐに拭きたい」「健康のポイントをおさえながら手早く作れる料理を習いたい」（20代後半）など、暮らしを充実させることが彼女たちにとって日々の目標だ。特に専業主婦の場合は家事をきちんとこなすことが役割をまっとうすることであり、そこに責任を感じている。家事スキルを磨くことで、日常生活をより心地良いものにしたいと考え、生活の知恵を蓄積しているのだ。最大の関心事は家族絡みのモノ・コト。たとえば、子供が入園ともなれば〝お弁当作り〟が子供のためであると同時に自分の楽しみとしても浮上する。子供や夫のため＝〝自分の楽しみ〟として転換されているのだ。「平日は実家に散歩がてら遊びに行き、車で買い物に連れていってもらう」「休日は家族で行動。午前中は公園、午後は買い物がてら川崎のラゾーナにいく」（20代後半）と、ささやかな楽しみで十分満足。予算や規模の大小ではなく、日常の時間を充実させること、家族と時間を共有すること自体に重きが置かれている。

■世間標準、いまどきの常識
■割安感
■ライフステージ必需品
■専門家の一押し

生活者コメント

・「子供のためにお弁当と裁縫の本を買って奮闘中。長女が幼稚園に通うようになるので、かわいいお弁当で喜ばせてあげたい。料理は得意だが裁縫は苦手なので、入園を機にチャレンジしたい」（20代後半）
・「4年後の娘の成人式に向けて着付けを再開。正式な場面では七五三以来の娘のハレの日なので、できれば自分で着せてあげたいと思っている」（50代後半）

消費目的・傾向と判断基準

シビアな価格意識

手元にあるお金の中で上手にやりくりすることを得意とする。実質重視であり、ブランドやメーカー名だけではたやすく動かない。価格志向も強く「バーゲンでも30％オフではなく、50％～70％オフの中から気に入ったものを選ぶ」（20代後半）といった具合だ。他人に対する見栄で買い物をすることもなく、収入が増えても「贅沢になってしまうのは怖い」と思うような堅実さの持ち主だ。

標準になったら取り入れる

「新製品が出たから買う」「人に先駆けて買う」といったリスクを絶対に冒さないのが『ほどほど良妻賢母』。また、ころころとブランドスイッチするようなタイプでもない。新製品の取り入れ方も慎重で、周りの状況を見てから購入する。最後の判断はリアルで専門的な店員の情報やアドバイスだ。自分の仲間内の情報だけでは動かないが、店員の「これですよ」「そろそろですよ」という言葉に実は弱い。

ライフステージインフラ整備

頭の中に〝ライフステージ上持つべきもの〟というリストがあり、それに従ってモノ・コトを消化していく。シングルならば、料理を習い、部屋を整え、家庭を持てば、家や教育がその代表となる。また持つべきもののひとつに〝貯蓄〟もあり、経済力が生活の安定に直結するという

「無難」で「控えめ」

であることを心掛ける。

考え方がベースにあるため、将来のための資産作りは当たり前になっている。

ファッションは身だしなみ。無難さを重視

ファッションに対しては、〝好感度〟〝ＴＰＯ〟を重視する傾向が非常に強い。人と接する時の身だしなみとしてのファッションであり、〝人に失礼のないように〟という意識が強いことがうかがえる。つまりは、無難で控えめであることを心掛ける。〝平凡〟が大事なこととして受け止められているように、〝無難〟であることも大事な要素となっている。

食は、健康管理 ＞ 生活の楽しみ

食事を楽しむというよりも、健康管理をするという意味合いが強いのが特徴だ。テレビや雑誌などからレシピ情報を積極的に取り入れる反面、調理器具や食器などへのこだわりは弱い。妻・母としての役割意識が高い『ほどほど良妻賢母』は、健康を第一に考えた食事メニューを実践し、家族の食を担う役割をまっとうしようとしている様子がうかがえる。

家は資産であり、持つべきもの

〝家は財産〟という意識が他グループと比べ非常に高い。長期的な視野を持ち、家族のインフラを整えていく彼女たちにとって、〝家〟は家族とくつろぐ場所であると同時に、資産となる。財産としての〝土地＋家〟を持ち、家族と近い関係で住まうことが望ましいと考えるようだ。また省エネに配慮した住宅への志向が、『自然体良識人』同様に高いこともも特徴だ。

生活者コメント

・「子供が寝静まった後のリビングは、唯一のリラックス空間。録画しておいたドラマのビデオをゆっくり観ることができる。何も考えずボーっとしながら、100円ショップで買った肩たたき器で肩をたたいたり、足のマッサージをしたり……ゆっくりできる貴重な時間」（20代後半）

生活者コメント

・「テレビ好きの夫がバスルームにまでテレビを設置した。バスルーム用では一番画面が大きいそうで、埋め込み式のため工事も大変だった。最初は無駄だと思っていたが、意外に家族全員から好評のため、今では取りつけて正解だったと思っている」（50代前半）

・「夫が買ってきたニンテンドーDSの『脳トレ』。最近、テレビなどで『鍛えれば脳は若くなる』とよく聞くし、『脳トレ』で頑張って鍛えたいと思っている」（50代前半）

・「今はまだ必要ないけど、車はいつか欲しい。下の子が幼稚園に上がったら教習所に通いたい。電車では不便な場所、たとえば山など自然の豊かなところにお弁当を持ってドライブに行きたい。大きい車は運転しにくいと思うので、大きくもなく小さくもなく、チャイルドシートがつけられる車がいい」（20代後半）

つまみ食いミーハー女子

■チャレンジ、情報謳歌
■瞬発力、結果より過程
■好奇心、本能行動
■新しいもの好き、衝動的
■“今”目線

プロフィール

結果より着手が大事。
新しいモノ・コトを人より先んじてチャレンジする

「とりあえずやってみる」が口癖で、それによって何かを究めようとは思っていない、モノ・コトに対応する瞬発力に楽しみを見出す価値観の持ち主だ。あらゆるものに興味があり、特に自分磨きには余念がない。アンテナに引っかかることは恐れず果敢にチャレンジ、時に後悔しつつも、また次の新しい情報に翻弄されながら、〝今〟の欲求を満たし

■つまみ食いミーハー女子　出所：ifs

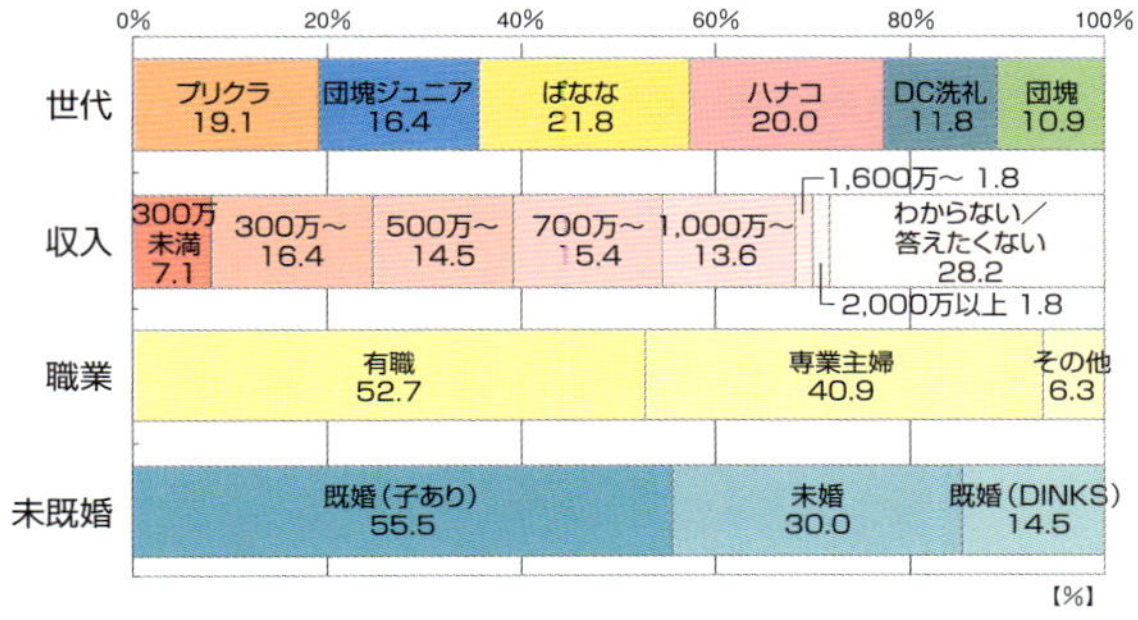

ていく。こういった姿勢はシングル的な行動に見えがちだが、結婚、出産とライフステージが変わっても、この志向を貫いている。したいことが多過ぎてお金はいくらあっても足りないため、家庭に入っても自分のお小遣い確保のため、働くことを厭わない。また、つまみ食いした情報は、そのまま周囲に発信していく。

大きく世代で見分けた場合

【プレバブル世代】〝バブル景気〟刷り込みのたまもの

1980年代後半のバブル景気全盛期に味わった、「新しい・刺激・贅沢」＝「楽しい」といった感覚を、今も持ち続けている人たち。女子大生ブームの中、消費を謳歌したハナコ世代、ばなな世代が目立つ。既婚・子ありの場合、就学などで育児が落ち着き、自分の時間が持てるようになる人も多く、「気になることはとにかくやってみたい！」という好奇心が復活している。

生活者の理想の生活
「行動範囲を広げて楽しい生活」

「子供が小学校に上がれば自分の時間も少しは持てるようになるので、復職して習い事も色々始めたい。絵や習字は仕事に活かせそうだし面白そう。仕事に関係なくても、料理やパン教室、洋裁も習ってみたい。どれだけ面白いか試しに一度やってみないと気が済まない。ユーキャンのテレビCMにそそられる」（30代後半）

【ポストバブル世代】〝旬〟意識のたまもの

女子高校生ブームの真っ只中にいたことで、「注目される・売りは〝旬〟・特別感」＝「楽しい」といった感覚が備わっている人たち。ライフステージが変わっても、常に〝旬〟意識をまとって生きるプリクラ世代に多い。結婚しても子供が生まれても、活発な消費は変わらないのが特徴と言える。

■留まらない・リスクは問わない
■自己中心、本能主義
■先駆け、刺激
■常に新鮮さをキープ
■分からない将来より今が大事

生活者の理想の生活
「充実した楽しい生活」

「大変だとは思うが、仕事と育児と家事をこなして、自分磨きも欠かさずする。結婚してすぐに子供ができてしまったため、まだ結婚式を挙げていないので、ダイエットに成功したら憧れのウェディングドレスを着たい。いつまでもきれいでおしゃれな女性でいたいと思う」（30代前半）

生活信条・生活価値観

〝旬〟のつまみ食い。ウキウキ感を積極的に謳歌する。

ひとつのモノ・コトをじっくりと深めるタイプでは決してない。その時々の衝動で動くことが多く、そのつまみ食い行動で得られるウキウキ感を楽しんでいる。「人よりも先んじただけでやった感があり、ラッキーだと思える」（30代後半）といった特性も持っており、何をどのようにやったかよりも、いかに人より先に手をつけたかということに優越感を持ったりする。

つまり、経験を重ねて蓄積していくことで得られる醍醐味よりもその瞬間の成果を、ゴールよりスタートの瞬発力を重視するミーハー度の高い人たちと言える。また、「間違ったら素直に認め、潔く謝る」「よく笑う」を生活信条としているなど、その時の自分の感覚に素直に従うのが、『つまみ食いミーハー女子』の特徴。つまりは、次の瞬間に「もしや違う?」と思えば、自分のしたことさえも否定してしまう。〝過去は過去〟と切り捨て、今のウキウキ感をその都度入手しようとするのだ。その点では、とにかく〝今〟が大事なのである。

将来を考えないと不安といった思いももちろん持っている。しかし、そのために何をするかという質問には、「○○もやってみたい」「□□も良いかも」と対策話の種類は非常に幅広い。的を絞ることができず、結局、その時になってみないと何に触手が動くのか自分でも分からないといった感じ。その場の本能・直感で動くというのがそもそもの価値観なのである。

■個≧仲間内＞社会
■家族は裏方
■自分を謳歌
■仲間以外は蚊帳の外
■大きな社会に興味なし

生活者コメント

・「19歳の頃、友達の間でタトゥーが流行っていたので自分も腕に入れた。当時人気だったエンジェルを入れたが、今になってみるとかわい過ぎて、夏にタンクトップが着られない。次はあまり見えない腰辺りに流行りの抽象柄を入れたい」（30代前半）
・「フリーでヘアメイクをやっているが、今はまだ子供が小さいので単発でしか仕事をしていない。ヘアメイクの仕事は楽しいが、もしお金を稼ぐためだけなら、ケンタッキーとかマックとかのバイトもやってみたい」（30代後半）

人との関係

自分の居場所は、家族と仲間

とにかく自分が大好き、自分に関わるものにしか興味を持たない傾向にあるこのグループにとって、家族こそ自分の居場所。やることに一貫性がない分、自分の帰属意識が持てる家族は自分のもっとも安心できる場所＝〝良き理解者〟の集う場所になっている。自分が何かをしてあげたいとか、家族がいないと何もできないというよりも、家族は安心できる仲間なのである。居場所の確保は、〝旬〟によって価値観が流動的に変化するこのグループにとって非常に大切なことになっている。

また、「他人の目を意識するか否か」といった質問には関心が低く、他人の評価などどうでも良い、自分優先で物事を考えるといった傾向がある。ただし、小さな自分の社会＝〝仲間内〟に限っては、話題性やその場のノリを大切にし、決して雰囲気を壊さない努力をする。社会にまで関心を広げてみても、別に自分を見ていてくれるわけでもなく、必要とされているわけでもない＝関係ないといった図式になってしまうようだ。

生活者コメント

・「中学時代からの親友とは気が合うし、何でも話せる。仲間全員で集まれるのは年に1回～2回だが、この時ばかりは解放された気分でバカになれる感じがする。その中でも頻繁に会う仲良し組は独身の子が多いので、みんなの彼氏の話題で盛り上がっている。ワイワイ騒ぐのがストレス発散になるので、コンサートにもよく行っている」（30代前半）

■短期的視点
■好奇心・ノウハウ
■刺激リラックス・女磨き
■自分・仲間内の流行
■“今”・“旬”

生活者コメント

・「家族は自分にとってかけがえのない存在であり、一番自分らしくいられる場所。夫も子供も自分を信用してくれているし、自分も家族に支えられていると実感している。家族の他に大切なものといったら、やはり友達」（30代前半）

関心事

女磨きは自分を大切にすること

日々の生活に、メリハリと鮮度がなければ楽しくないため、〝今〟興味が持てることに積極的にアプローチする貪欲さを持っている。入手した情報は即座に試すとともに、仲間に広げる広告塔的役割も担う。〝旬〟が過ぎれば興味も薄れ、また次の〝旬〟を追いかけるといった特性を持っていることから、ブームの火つけ役には最適なグループと言えそうだ。

他人や社会への関心が低く、自分を優先させて物事を考えるのが、『つまみ食いミーハー女子』の特徴ゆえ、関心事の多くも自分に有益な

『つまみ食いミーハー女子』はブームの火つけ役。

もの、表面的に武装できるものに偏る傾向にあり、特に、美容・ファッション系などはその最たるもの。成功像や将来像にも、必ず出てくるのがスタイルに関すること。「体型を取り戻し、着たい服が、スタイルよく着こなせる自分でありたい」（30代前半）、「高い服は買えないけど、安い服でもきれいに着ていれば見映えは良い」（30代後半）と、短絡的ではあるが関心の中心は常に自分の女度を磨くことにあり、そのためのアンテナを高く張っているのがこのグループ。

生活者コメント

・「メイクをすると少しきれいになった気がして自信がつく。メイク関連の情報はファッション誌でよくチェックしている。『RMK』は雑誌でも人気が高いし、実際に使ってみて良かったので友達にも薦めた。昔はアムロちゃんに憧れてガングロにしていたが、今は本や雑誌を参考にしている」（30代前半）

・「買い物は渋谷１０９やお台場のヴィーナスフォートに子連れで行っている。原宿は人が多過ぎてバギーを押してひとりでは歩けないので友達と行く。ファッションの参考にしている雑誌は『ViVi』『BLENDA』『S Cawaii！』。ただ『S Cawaii！』は自分には若過ぎるので立ち読みで済ませている」（30代前半）

■本能・直感・旬
■メリハリ
■目の前の欲しいモノ・したいコト、仲間受け
■人より早く買う

消費目的・傾向と判断基準

好奇心・直感で消費する

好奇心旺盛、常に新しさに興味を持ち、自分の目に留まった新鮮なモノ・コトを消費する傾向がある。メリハリや変化のない生活＝〝平凡な暮らし〟が何よりもつまらないと思っている人たちだけに鮮度注入は必須。自分の直感で〝旬〟を察し、衝動的に〝欲〟を満たす消費が主流になっている。しかし、一方で飽きも早いため、家や車などの大モノ消費よりも身近なモノ消費が主流である。

周囲の目より、自分優先の消費基準

社会への関心はもちろん、「環境に配慮した生活」などへの意識はかなり低く、モノ消費への抵抗や躊躇はほとんど見られない。また、世の中でブームになっているモノを買うのではなく、自らがブームの火つけ役でありたいと思っているため、情報に踊らされがちであるという自覚もあるが、最後は自分で判断しているという自負もある。情報を信じや

すいという点では、操作しやすいタイプであるとも言える。

表面武装に欠かせない消費

全方位で情報を集め新しいモノ・コトを取り入れていく中で、もっとも消費に結びつきやすいのが、「きれいになる」「やせる」「スタイルが良くなる」といった自分自身の外見磨きに有益に働くモノ・コト。「やってみないと分からない」（30代後半）というポリシーのもと、少々高くてもトライしているのがこのグループだ。一番の消費分野はやはり〝自分自身〟といったところ。

ファッションは、好感度より〝自己表現〟を優先

ファッションは着回しや洗濯のしやすさ、素材の質などで選ぶよりも、とにかく見た目さえ気に入ればそれで良しといった志向がうかがえる。また、いち早く自分が入手すること、仲間に注目されることが重要なポイントと考えるため、その他大勢の他人にどう思われようと構わないといった潔ささえ感じられる。

食は、本質より、その場・道具に目がいく

食は、中身よりイベント性重視。ｉｆｓで行った生活価値観項目の調査によると、『つまみ食いミーハー女子』は他グループに比べ、「栄養バランスの良い食生活を心掛けている」より「できあいの惣菜や冷凍食品を利用して、簡単に調理したい」、「多少手間をかけても、しっかりと調理したい」より「調理器具や食器にはこだわっている」への反応の方が良い。いずれも食そのものへの関心の低さがうかがえる。

住空間も見た目重視

「自然に囲まれた環境で暮らしたい」と考えるより「都心に住みたい」派。「多少コストがかかっても、省エネや地球環境に配慮した設備・機器を取り入れたい」という〝省エネ〟意識は全グループ中最も低く、環境への関心は希薄。一方で、家具・インテリア選びにおいては、実用性だけでなくデザイン性を兼ね備えていることが大切な人たちであり、〝ファッション・食〟同様に住空間も見た目にこだわると思われる。

生活者コメント

・「リラックスしたい時にはいい香りが必須。『LUPICIA』のお茶は香りが高く、種類が豊富なので楽しめる。本当はお茶と一緒にお菓子も食べたいが、ダイエット中なので我慢。いつもマンガや友達のお薦め本を読んで紛らわしている」（30代後半）

・「単純作業に没頭すると気分転換にもなる。子供が生まれる前のストレス発散法はパチンコだった」（30代後半）

・「ダイエットは10年以上前からやっている。きれいにやせて、おしゃれを楽しみたい！　太っていると年齢が隠せないし、何を着ても似合わない。スタイルが良ければユニクロでもきれいに着こなせるようになると思う」（30代後半）

・「結婚10周年の記念には、腕時計が欲しい。やっぱり、結婚指輪とお揃いのカルティエがいい。でも、現実を考えると経済的には難しいので、普段の食事や外食などで節約するか、もしそれで足りなかったらバイトに出てもいいと思っている」（30代前半）

■空気を読む、場に馴染む
■協調性
■リスク回避、安心・安全
■周囲を手本に安全策
■他人目線

ちゃっかり八方美人

プロフィール

人の目を意識しながら行動。リスクは負わず淡々と振舞う

ある意味〝受身〟とも言える人たちで、決してリーダー格にはならない。しかし、いつも一緒にいてその場の空気を盛り上げたり、和ませたりしてくれるといったイメージの女性だ。無理せず自然に相手やその場の空気に自分を同調させることができ、それを自ら楽しんでいる。その時々の状況を見て〝自分らしさ〟を付加することを大事にするが、基本的に自己を押し通すことを良しとしない。逆に言えば人から評価される

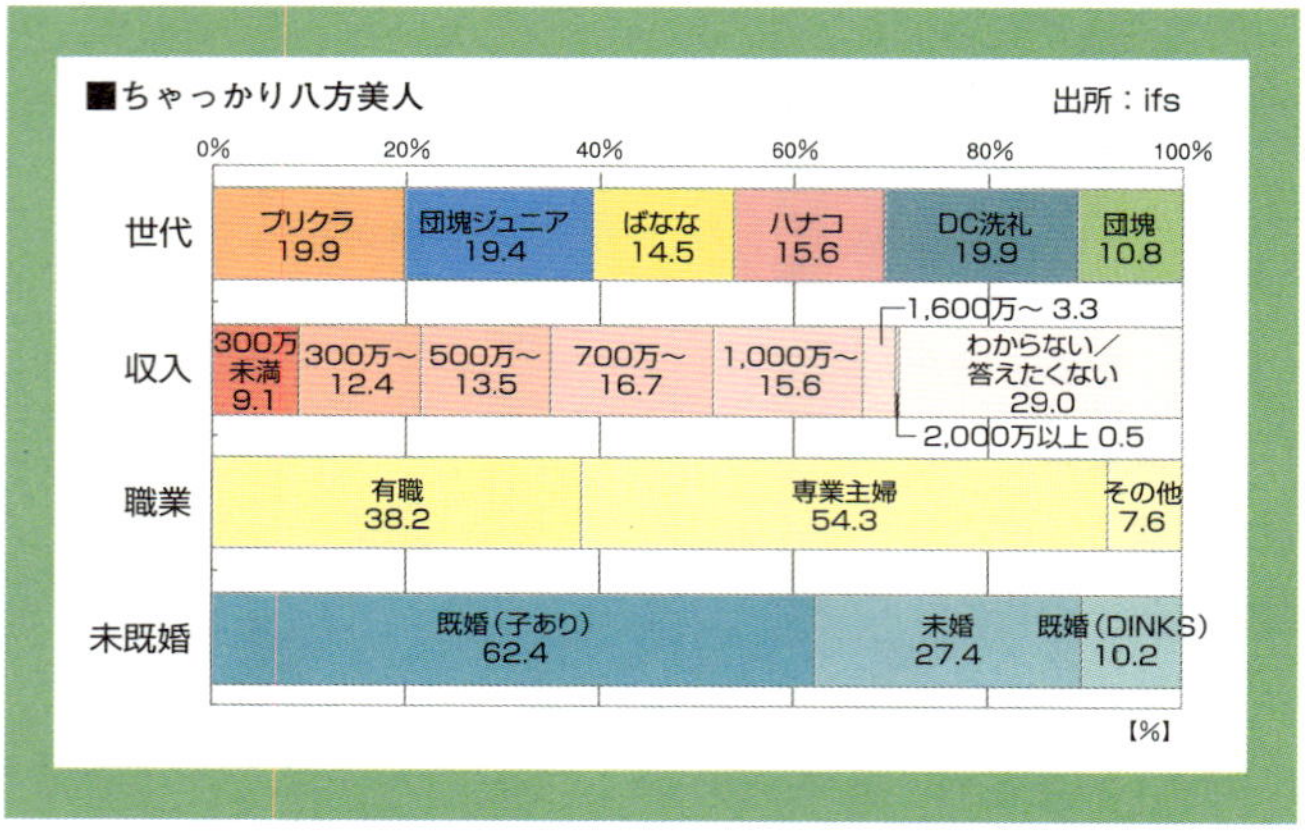

ことを期待していないが、〝どう思われているのか〟にはこだわる。

またリスクは負いたくないが、〝今〟を楽しみたいという気持ちは強く、周りを見ながら選択していく能力に長ける。自ら発信することは少ないが、発せられたものに反応し広めていくという位置づけのグループである。

大きく世代で見分けた場合

【プレバブル世代】和ませ系ムードメーカー

自分で主体的に動くよりも、周りについていく方が楽チンというちゃっかりした人たち。このグループに多いプレバブル世代がＤＣ洗礼世代。男尊女卑意識の強い戦前・戦中派の両親に育てられ、相手を重んじて気配りすることを正しい女性らしさの形として認識し、それが自然に身についている人たちと言える。

生活者の理想の生活
「隠やかな生活」

「家族４人、健康で仲良く幸せな生活を送れたらいい。何もなく平和に暮らすことは、いじめや色々な問題が起こっている今の世の中では、大変なことだと思う。子供から少しずつ手が離れてきたら子供が生まれる前に夫と一緒にやっていたゴルフをしたり、ドライブしたり、夫婦の時間も大切にしたい」（30代後半）

【ポストバブル世代】愛され系世渡り上手

「自分が『いいな～』と思ったら、『それになりたい！』みたいな感じです」と、自分の七変化を意図的に楽しむ傾向も見られる。『ちゃっかり八方美人』のポストバブル世代に多いのが安定志向の団塊ジュニア世代と旬意識の強いプリクラ世代。いつどうなるかわからない社会で生きていくために、規定に縛られることなく時代に合わせて臨機応変に対応する。人との関わりはポストバブル世代全体で、より重視されているが、空気を読む能力はプレバブル世代よりもさらに向上しているのだ。

生活者の理想の生活
「パワーのある生活」

「いつかマンションを買って、ダイニングはバーのようなインテリアにして、夫やママ友たちと楽しく飲みたい。年に一度は家族で海外旅行に行くのが理想」（30代前半）

■和、その場の空気に同調
■周囲の枠に納まる
■普通だけど平凡じゃない
■リスクを負わず楽しむ
■トレンド感

生活信条・生活価値観
リスク無き仲良し主義

交友関係の広いこのグループは、人との関係においてとにかく〝和〟を保つ気持ちが強く、〝人とうまくやっていく〟ことに留意している様子がうかがえる。「友達がリードしてくれて、私はついて行くタイプ」（20代後半）と、自分がどうこう言う前にまず人とどう接するかを考える。また「グループごとに、自分の存在感は違う。その場にいる人を見て、ここでは静かに、とか自分を使い分けている」（30代後半）などと、その時々の状況や空気を読んで、自分の立ち位置を定めている。状況に対して非常に柔軟性がある反面、周囲に流されやすいタイプとも言える。

また、人との付き合いが多い彼女たちの周りには情報がゴロゴロしている。〝受け身〟が上手な彼女たちに、発信者は喜んで情報を提供するため、自ら積極的に動かなくても色々な情報が入ってくる仕組みができ上がっているようだ。そうやって手に入った情報は、すでに誰かによって試されたり、評価されたものであるから、リスクは最も低い。その中から気に入ったものを自分流に取り入れるちゃっかりタイプなのだ。

リスクを負わず、〝普通の生活が幸せ〟と考える点は『ほどほど良妻賢母』と共通する部分も大きい。しかし、『ほどほど良妻賢母』が地に足をどっしり着けた堅実さをベースに長期的な視野を持つのに対し、『ちゃっかり八方美人』は将来というよりも〝今〟のトレンド感を重視する。普通が良いといっても平凡はつまらない、かといって自らが人より先んじてモノ・コトをつかんでいくようなリスクは冒さないのだ。

■個＝仲間＞社会

■家族は第一の仲間

■“みんな仲良し”の精神

■好印象が目標

■身近優先、社会とはリアルな接点のみ

生活者コメント

・「〝脱アナログ人間〟を目指し、友達にパソコンを教えてもらっている。今使っているパソコンは98シリーズで古いので、買い換える予定。同じマンションに東芝やソニーに勤めている人がいるので、どれが良いか聞いてから決めたい」（30代後半）

・「学生時代の友人や会社の同僚、ママ友も大切。ただ、ママ友はいつでも会えるが、昔の友人は意識して連絡を取らないと関係が途切れてしまうと思う。姉の影響でミクシィを始めたが、今は姉や友達のページを見ているだけ」（30代後半）

人との関係

何はさておき人の〝和〟が大事

自分らしさも持っていたいが、まずはその場の状況を見ることが先決。その中で自分らしく振舞うことが〝ちゃっかり八方美人流〟であり、それは彼女たちの人付き合いにおけるごく自然な作法になっている。「自分がどんな人間に見られているか気になる」（30代後半）と、評価を得ることよりも人に好印象を与えることに気を配る。全グループの中で最も人との関係を重視するタイプと言えるだろう。友人関係も非常に広く持っている。

その点、『ちゃっかり八方美人』にとっての社会とは「私自身が触れる外のこと」（30代後半）と、自分が直接関わりを持つか持たないかでその意味づけが決まる。彼女たちが大切にしているのは狭い意味では友人、その延長線上に職場、ＰＴＡ、習い事……といった場がある。社会とは受身で接するものであるが、関わりのある世界であれば主体的に接していく。決して、自分勝手で社会のことに無関心なわがままタイプではないが、社会よりも家族や彼氏をはじめとする身近な存在をまず優先。自分と直接関わりのないことへの興味は希薄で、後回しにする傾向が強い。

■日常的視点

■身近な話題

■メジャーな流行モノ

■関心事は周り次第

■ウキウキ気分

生活者コメント

・「欠かせないのは携帯電話とコンセント差し込み式のアロマオイル。良い香りの中で友達にメールをしていると楽しい気分になる」（30代後半）

・「1年半前からママ友のつながりでフラワーアレンジメントを習っている。ただ集まっておしゃべりしたりランチをするのもいいが、共通の趣味を持つことで話題も広がって楽しい」（50代前半）

関心事

ウキウキ気分注入手段は周り次第で変化する

日常を楽しむためには、ウキウキワクワクした気分が欠かせない。トレンドをいち早く取り入れるような冒険はしないが、旬モノは気になる。ファッションや化粧品情報にも敏感で、母親世代の『ちゃっかり八方美人』は娘の情報を参考にしながら一緒に買い物。サンプルの使い方、買い方さえも娘の行動から学んでいたりする。「高校生の次女と

109－②に行き、どさくさに紛れて買い物をしている。黒のタートルネックなどはミセス向けのものよりシルエットがきれいで安い」（50代前半）など、トレンド感を自分に取り込むことは忘れない。

ただ、全体的には受身で行動する『ちゃっかり八方美人』。興味があることがあっても、自分から積極的に動くことはなかなかしない。その替わり、タイミングよく情報やお誘いがあれば、フットワークも軽く行動に移すという具合だ。よって、多くは自ら積極的に動いた結果の関心事ではないため飽きも早い。たとえば、「以前はトールペイント、次にビーズ、今はフラワーアレンジメントがマイブーム。自分は移り気で究めるタイプではない」（50代前半）というように、誘われるがままに関心事が次々と変わっていくのも特徴だ。

■身近基準、お付き合い
■外見気配り
■人づて、売れ筋ランキング
■旬、安全においしいところ取り

生活者コメント

・「姉が住むシンガポールへ旅行した時、初めてネイルをやった。カウンセリングから始まり、フットマッサージもしっかりやってもらったので精神的に満足度も高い。お風呂場で指を眺めて楽しんでいる」（30代後半）
・「毎日ばっちりメイクをしている。特に出掛ける予定がなく近所のスーパーしか行かない日でも、メイクをしないと落ち着かない。ノーメイクでいられる年齢ではないし、メイクは身だしなみだと思うが、実は娘の影響で1年前から始めたこと」。（50代前半）

消費目的・傾向と判断基準

〝自分の周辺〟情報とチャネルを駆使

〝得られる収入の中で暮らす〟という『ちゃっかり八方美人』。経済観念は極めて堅実。情報源や判断基準は、自分の身近な人、〝身辺標準〟が指標となる。新商品を取り入れる時も同様で「店の人に聞くより詳しい友達に聞く方が早くて安心」（30代後半）、しかも「友達をたどっていくと値引きで買えることが多い。友達を通して買うと後々便利なことも」（30代後半）と、人脈を駆使して安く購入するマイルートを持っていたりもする。

お付き合い消費

全クラスターのうち、もっとも他人の目を意識しているのが『ちゃっかり八方美人』。人とスムーズに付き合うことが最重要課題の彼女たちにとって、見た目を整えることも大切である。「他人の目は意外と厳しく、見た目で判断される」（30代後半）と、印象の決め手になるメイクやファッションにも無頓着ではいられない。彼女たちにとっての〝お付き合い〟は生活の要、当然付き合いに絡むモノ・コトへの出費は必要経費になる。ランチや旅行など誘いを受けた時に躊躇なく参加できるくらいの余裕は持っていたいと思っている。

楽しみの安全確保に〝ランキング〟を活用

ポストバブル世代のプリクラ世代、団塊ジュニア世代がそれぞれ20％を占めていることもあり、〝今〟を楽しみたいという意識が強いのも特徴だ。トレンドものにも乗っておきたい気持ちが見られる。その点、リスクを冒さず今を知ることができる〝ランキング情報〟は、彼女たちにとって非常に便利なモノサシだ。

ただし、ランキング情報と言えどもその全てを取り入れるわけではなく、チェックするのは上位の売れ筋。テレビの情報番組や雑誌などで話題になる〝ブーム〟にも弱いが、マスメディアのお墨付きという〝安心感〟が必要なのだ。

好感度維持のためにファッションは不可欠

〝人からどう見られるか〟は大切なポイント。それゆえ印象を左右する〝見た目＝ファッション〟は彼女たちにとって手の抜けないジャンルになっている。好感度やＴＰＯを重視するのは当然だが、ヘアスタイルャネイルにも気を抜かない。人と同化し安心感を得たいがために、「流行遅れの服は着たくない」という意識も強い。

食に関しては、価格にシビアな手作り派

人との関わりが大切な人たちゆえ、食事はコミュニケーションの場・健康の源・楽しみでもあると認識している。一方で、彼女たちの食事情で特徴的なのが、「なるべく安い食材を買うようにしている」という価格意識の高さ。惣菜や冷凍食品などの利用は少なく手作り志向がうかがえる。ある意味、食に関しては実質を重視する姿勢であると言える。

住まいも交流の場

「室内にはあまりものを置かずに、すっきりと暮らしたい」「家は、家族とくつろぐための場所である」という意識が高く、住そのものに関するこだわりはあまり感じられない。ただ、人との関わりの中でお互いの家の行き来もまた重要な儀式としているため、交流ができる場所作りに留意していると言えそうだ。

生活者コメント

・「家族4人が座れるようにソファを買った。無印良品のもので雑誌で見かけて購入した。木のぬくもりが好きで飽きもこないので、家具はカントリー調に統一している。カントリー雑貨を趣味で作っている友達がいるので、安く作ってもらうことが多い」（30代後半）

・「毎日外に遊びに行かなければいけない性分の子供に付き合って公園に行くと、いくつかあるママ友グループとおしゃべりすることになる。自分はマメなタイプではないので、こういう繋がりから地域の情報を仕入れている」（30代後半）

・「今、友達と、ネイルサロン、エアロビ、ヨガなどを始めようかと計画中。身体を動かしたい気分のため、ジムに通うことも考えている。これからは自分の楽しみを増やしていきたい」（30代後半）

・「急に友達に旅行に誘われてもお金のことを考えずにいけることが贅沢」（50代前半）

■自然体
■自分保持、主張し過ぎない
■蓄積、充実感
■客観的、良識
■バランス

自然体良識人

プロフィール

無理せず自然体で振舞う。蓄積される充実感を大切にする

「無理せず自然体」とは言え、何の努力もせずにただ流されているという意味ではない。何もない平穏な日々は却ってつまらないとさえ思っている。ただ、私利私欲に走ることはなく、肩の力を抜きながら客観的にモノ・コトを判断する〝大人の思考〟を持っているのだ。自分だけではどうにもならない状況（転属、結婚、子育てなど）にあっては、その中で調整していくことができる。継続できるものと諦めざるを得ないもの

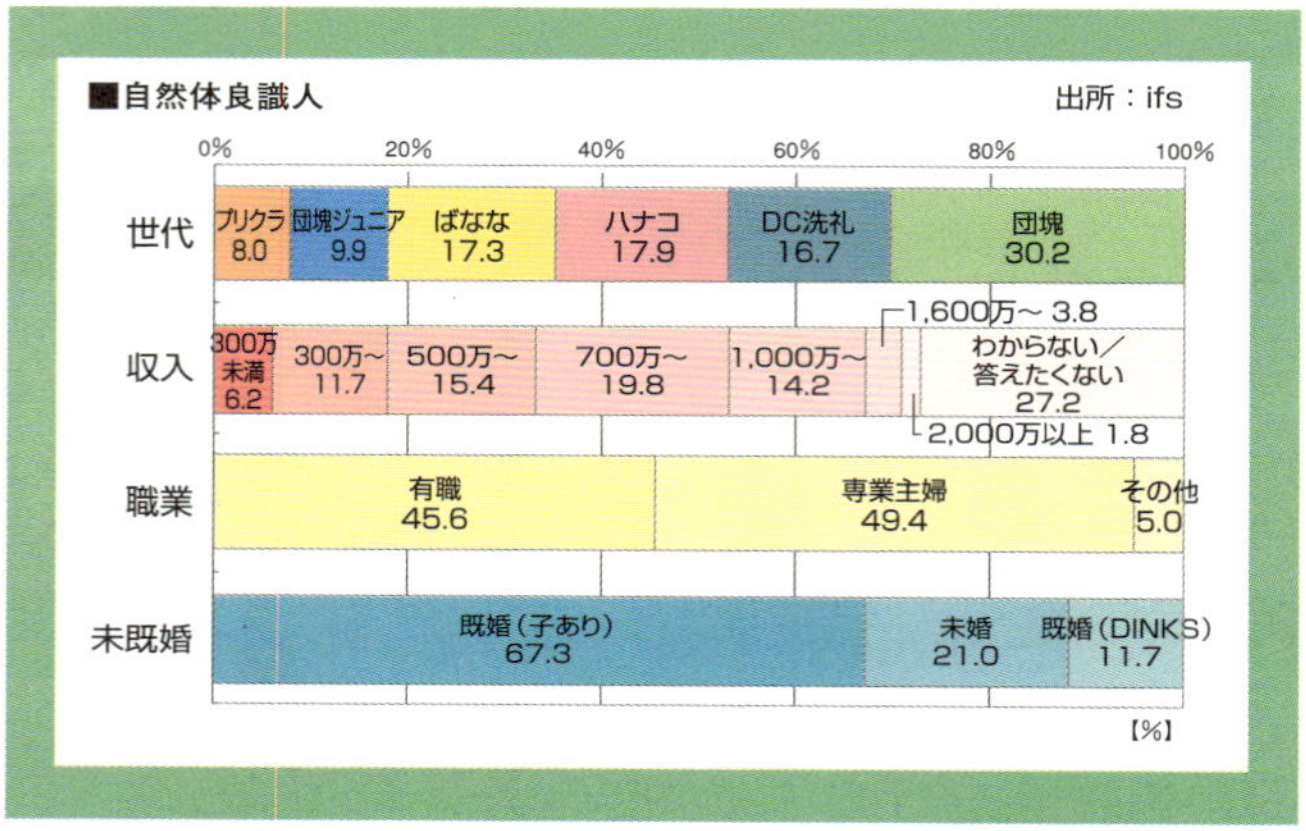

を見極め、納得しながら毎日を充実させていくことに重きを置いている。環境問題や社会貢献への関心は他のどのグループよりも高いが、「今はできる範囲で、無理のないエコを心掛けている」（40代前半）など、意識は高く持ちながらも自分のできることで対応、あまり公言しないのも特徴だ。あらゆる情報を一旦は受け入れるものの、最後の取捨選択は自分でする人たちだ。

大きく世代で見分けた場合

【プレバブル世代】年齢・経験を重ねた結果のたまもの

5つのクラスターのうちプレバブル世代の占める割合が最も高いのが『自然体良識人』。特に、団塊世代に多く、言うなれば、年齢を重ねてきたからこそ自然に身についた価値観であり、自分のことだけでなく他者も敬うバランス人になったとも言える。

生活者の理想の生活

「ナチュラルで美しい生活」

「常にナチュラルで飾らず無理はしないように、不相応なモノは買ったりしない。自分自身は山口智子のように、自然体なのに美しい肉体を持っている女性になりたい」（40代前半）

【ポストバブル世代】精神的充実人と、割り切り人が混ざる

もともと精神的な成長が備わっている人と、「しょうがない」とどんな状況をも肯定的に受け入れることができる潔い人がいる。

自立心が強く、状況に応じて無理をしない、他人に対しても客観的に接することができる人たちである。

生活者の理想の生活

「家族一人一人が“毎日楽しいな”と思える生活」

「20代を十分に満喫できたから、結婚して専業主婦になることに踏み切れた。子育てが終わったら、子供も楽しめる趣味を復活させたい。娘たちには、優しい心を持った好奇心旺盛な人間に育って欲しい。これから教育費がかかってくるので節約を意識して無駄をなくし、できるだけ貯金していきたい。でも、あまりケチケチし過ぎると心が荒むので、バランスはしっかり図っていきたい」（30代前半）

■バランス主義
■状況対応、割り切り
■良識・蓄積・納得
■無理はしない、踊らされない
■肩の力を抜きながらも、意思を持つ

生活信条・生活価値観

「やりたいこと」より「今やれること」が大切

『自然体良識人』の将来像は、今の生活を蓄積していくことでできあがる。「もっとこうなりたい、ああなりたいとは思わない」（40代前半）と言うように、これから先の生活においても、欲張りに多くは望まないというのが特徴だ。「必要なものが必要なところにある生活がベスト。モノ・コト・自分にも無駄なく美しくありたい」（40代前半）など、他グループに比べてモノへの執着心は極めて希薄。将来は、「自然体で無理なく、心に余裕のある生活」（30代前半）を描くなど、内面的な充実にウエイトを置いた生活を送りたいと思っているのである。自分らしさを大切にする意志の強さは、『成果追求ウーマン』にも負けないものを持っている。しかし決定的な違いは、人の評価を目的にしていないこと、自分の置かれている今の状況を広く受け止めながら自主的に生活を軌道修正している点にある。

状況とは、ライフステージであり、家族であり、社会であり、根本的には自分の立っている足元のこと。「子供が小さいうちは、自分が働くより、今の生活スタイルをキープしたい。特に仕事をガツガツやる気分ではない」（40代前半）など、現在、自分が置かれているライフステージに合わせた自分軸を持っている。また、「子育てで大変な時期は３～４年。長い人生の一部だと割り切っている」（30代前半）など、状況によって大切なものの優先順位を変えることができる。無理しないとできないようなことにチャレンジするのではなく、今できることに前向きに取り組む姿勢を持っているのも特徴だ。

■個（状況あっての個）＜状況（家族・社会）
■家族は自立体
■譲歩しつつ主体性重視
■とりあえず否定せずに受け入れる
■社会的責任意識、ルール（良識）に従う

生活者コメント

・「よく友人にランチなどに誘われるがあまり参加していない。子供を連れて行ってもおしゃべりに夢中になれないし、心底楽しめないから」（30代前半）
・「一番楽しいことして挙げるなら車の運転。愛車はホンダ『ステップワゴン』。以前はマニュアル車だったが、子供が生まれてからキャンプに行けるようにファミリーカーにした。友人たちと一緒にいるのも楽しいけど、ひとりの方が気が楽だし、楽しい」（40代前半）

人との関係

良識で、家族や他人との距離感を図る

他人との交流も厭わないのが『自然体良識人』。『ちゃっかり八方美人』が、「人からどう思われているか」を気にしながら「その場の空気」に応じて自分の立ち位置を図るのに対して、他人に不快感を与えな

い範疇で、自分の意志を曲げない人たち。交流の仕方として他人とはある程度の距離感を保ちながら接している。また、〝社会〟を主役に考えた行動をとる良識派ゆえ、「長く住むなら仲良くした方が住みやすい」（30代前半）など、自治会や近所の付き合いも大切にしている。

一方、「家族の幸せは、家族一人一人が作る。みんながそれぞれ自分を高めていくのが理想」（40代前半）など、家族は自立した人たちの集合体であるという考えを持ち、お互いが切磋琢磨していく存在でありたいと思っている。ただ、無理して頑張ったところで、どこかに歪みが生じてしまうことも分かっているため、どこまでも自然体を基本にする。

生活者コメント

・「自分のやりたいことと家族のやりたいことは、必ずしも一緒でなくてもいい。それぞれ別に楽しみを持っていたい」（40代前半）
・「義理の母が、私たちが家も買えて子供がいる普通の暮らしができて良かったと微笑んでくれる。それを聞いている夫はとっても満足そうで、それを見ていて自分もとても幸せな気分になれた」（30代前半）

■短期～長期的視点
■知識で人間を深める
■モラル、関わる人々にも有益なこと
■自分＝家族＝社会
■自分と暮らしの質向上

関心事

モラル視点で、暮らしの質を上げる・充実させる

何事にも壁は作らずに他人の話や情報を広く浅く入手する傾向にある。しかし、他人からの情報に単に流されることはなく、その情報が自分にとって家族にとって、はたまた社会や地球にとって良いことなのか悪いことなのかなど、モラル視点で判断し、取捨選択する。「今、環境にフォーカスしている人は流行っているからだけな気がする」（30代前半）、「子供がいることもあるが、将来の地球が気になる」（40代前半）など、流行りだから、新しいからといって関心事がコロコロ変わることはない。

特に関心の中心にあるのは「暮らし」。「知識があると、さまざまなものの見方が変わる」（40代前半）というように、日常生活の質の向上や充実を図るために情報を収集している。「上の子に行かせたい幼稚園があったが、ちょっと遠くて。送迎に下の子を連れて行くことを考えたら時間がかかり過ぎるので止めた」（30代前半）、「海外に観に行くくらい観劇好き。でも、今は行っても劇団四季くらい。子供も入れる演目

を選ぶ」（40代前半）など、関心が高い分野は多岐にわたるが、最後には必ず実行するのに無理はないか否かで選択を行っている。

生活者コメント

・「DVDはツタヤの郵送サービスを利用して、月8枚レンタルしている。映画は現実をすべて忘れさせてくれて、没頭できるのが良い。お風呂や癒しグッズ、エステではリラックスできない。DVD鑑賞は自分にとってのリラックス、リフレッシュ、ストレス発散法」（40代前半）

・「10代～20代の頃に感銘を受けた本や雑誌は、自分の財産。アート、ファッション、文学、音楽の知識は、今の自分を形成した要素とも言える。もし、これらから刺激を受けていなかったら、つまらない人生になっていたと思う」（30代前半）

■バランス・割り切り・計画的判断
■上辺ではなく質
■社会にも家族にも自分にも有益
■環境ロジカル、害なし

消費目的・傾向と判断基準

浮わつかない確かな消費

環境に配慮したいという意識がとても強い人たち。ただ、環境に配慮した商品をどれだけ買っているかというと、実際に購入にまで結びついているケースはそれ程多くない。いずれにしても、「上辺にはこだわらない。内容と質重視。単に新しいとかメーカーのイメージだけでモノに飛びつくタイプではない」(40代前半)など、確かなモノを消費したいと思っているのが『自然体良識人』である。

割り切り判断・行動

「都内に住んでいる時は休日もショッピングに行くことが多かったが、郊外に引っ越してからは、近くの動物園や公園に行くことが多い」「IKEAは子供にとっても楽しめる場所」(30代前半)など、休日の時間消費も状況に応じて変えている。『つまみ食いミーハー女子』のように、「何が何でも都心で自分の買い物をする」といった自分優先消費は皆無に近い。ある意味、割り切り消費が身についていると言える。

世間判断より自分判断

「使ってみた感想は参考にするが、人によって感じ方が違うので全面的に信用するわけではない」（40代前半）など、情報間口は広く持っても、消費決定は自分のこだわりが基本になっている。消費経験が豊富なプレバブル世代が多数をしめる『自然体良識人』ゆえに、買い物にも〝自分基準〟を持っているのだ。

また、消費分野においては、「食事のウエイトが高い。毎日の食事は家族の健康に関わるので安全性で選びたい」（40代前半）、「抑えたくないのはレジャー費」（30代前半）など、やはり日常生活の質向上・充実に投資している。

ファッションは、長期的視点の〝自分らしさ〟を選ぶ

人からどう見られているかより、人に不快感を与えないこと、あくまでも自分らしさを表現するツールがファッションととらえている。ま

た、服は多少高くても長く着られることを重視、厳選された少ない枚数で着回すなど、長期的視点での環境・合理意識が働いている。

食は日常生活の質向上の最たるもの

「栄養バランスの良い食生活を心掛けている」「サプリメントや健康食品を日頃から利用している」などの実質面、「食品を選ぶ時は、生産地や生産者を気にするほう」という安全面、「多少手間をかけても、しっかりと調理をしたい」「調理器具や食器にはこだわっている」などのこだわり面など、食に関しては全方位で意識が高い。記念日外食などよりも、日常生活の質の向上を目指すための要素としての食になっている。

住は、自分にとっても地球にとっても大切な環境優先

所有物としての家にはさほど執着心はないが、「自然に囲まれた環境で暮らしたい」「多少コストがかかっても、省エネや地球環境に配慮した設備・機器を取り入れたい」といった意識が比較的高く、やはり環境への関心の高さがうかがえる。

生活者コメント

・「部屋はマンションの1階で庭つき。芝刈り機やプランターを揃えて、今は手入れに勤しんでいる。緑があると優雅で平和な気持ちになれる」（30代前半）
・「毎朝、欠かさず食べているりんごとヨーグルト。娘も自分も便秘気味だが、これを毎日摂っていると快調。今や健康管理に必要なものになっている。お気に入りのヨーグルトは『ビヒダス』。色々試したが、一番りんごの味を邪魔しなかったから。パンに塗って食べてもおいしい」（30代前半）
・「娘たちが小学校に上がって色々と分かってくる年頃になったら、しばらくストップしていた美術館巡りを復活させたい。子供たちの〝感性〟や〝感じる気持ち〟を大切に育ててあげたいから」（30代前半）

成果追求ウーマン

■目標、成功、評価
■向上心、頑張り、欲張り
■リスクは覚悟、メリハリ必須
■計画的
■目標達成視点

プロフィール

目標に向かって行動。達成感と人からの評価を得たい

自分の目標を設定し、その達成のために努力を惜しまない人。決して自己満足では終われない、人からの正当な評価を望むのが特徴だ。結婚や出産という大きなライフステージの変化を経ても、自分の設定した目標に向かって突き進む女性たちでもある。

そのため、結婚しても専業主婦におさまることはほとんどない。働いていなかったとしても自らＨＰを立ち上げて情報を発信・収集したり、

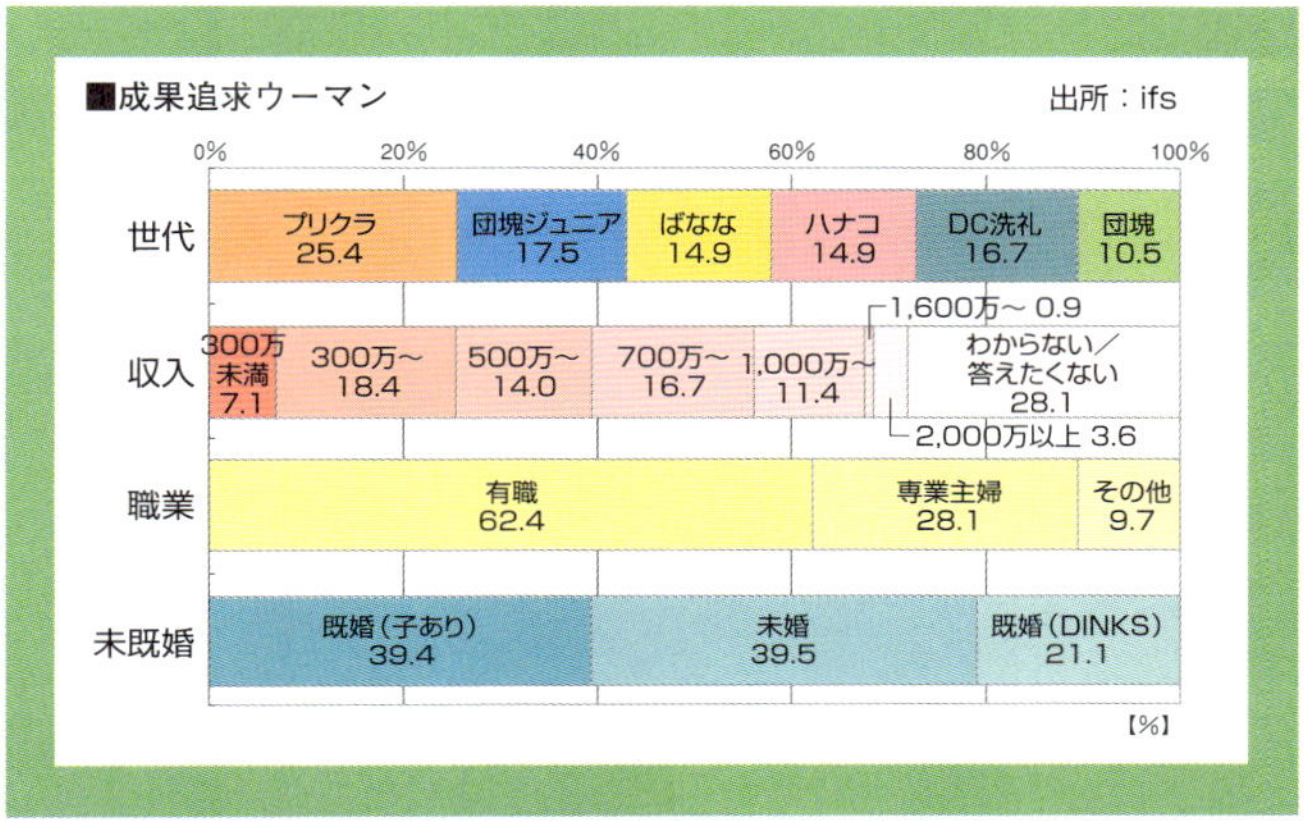

通信教育で勉強をするなど、常に〝個〟としての行動をとっている。その上で妻・母という役割を果たしながら、持ち前の向上心と計画性で着実に歩みを進めているのだ。目標自体の設定も高いことが多く、目標達成までのプロセスには多少のリスクがあると覚悟している。〝頑張る時は頑張る、楽しむ時は楽しむ〟といったメリハリをつけながら、後悔なき人生をまっとうしたいと思っている。

大きく世代で見分けた場合

【プレバブル世代】休むことなく全力疾走

ポストバブル世代よりやや不器用に走り続けるイメージ。「〝これで良かった〟とは、絶対に思えない」といった性分。欲張り過ぎて時に息切れを起こしがちだが、〝上へ、上へ〟目線のプレバブル世代、向上心だけは忘れない。

生活者の理想の生活

「進化し続ける生活」

「経済的な余裕を持ちつつも、精神的にはストイックな生活。お互いの良い所・悪い所をすべて分かり合った、価値観・感性の同じ人たちとストレスなく過ごしたい。いくつになっても好奇心を忘れずに、柔軟かつしなやかで芯の通った気持ちを持ち続けたいと思っている」（40代前半）

【ポストバブル世代】上は目指すが速度調整は可能

目標めがけ突き進む点ではプレバブル世代と変わらないが、状況に応じて冷静に判断し、速度調整する柔軟性を持っている。あくまでも妥協はしないが、不可抗力で着手できない場合は速度を落としゴールを延ばすような融通が利く。

■厳格
■流されない・主体的
■後悔なき“今”の積み重ね
■成功に向けてステップアップ
■他人の目＝“評価”が大事

生活者の理想の生活
「育児と仕事を両立した生活」

「基本は家族が元気で健康的な生活を維持できていることが大事。その上で、日中はデイサービスセンターでケアスタッフとして働き、介護職の経験を積む。息子が卒園する頃に2人目(女の子)が生まれているのが理想だが、現実には、産休・育休のある介護職があるのかどうか。子供の預け先など、自分の努力ではどうしようもない問題が山積み。とにかく今は受験勉強を継続し、来年一発合格を目指す」(30代前半)

生活信条・生活価値観

評価を得るための〝努力の積み重ね〟が必須

『成果追求ウーマン』が掲げる人生の目標とは、仕事関連であることが多く、他のグループと比べるとキャリア志向が強い。ただし、経済的に不安を感じている人でも、仕事では収入よりやりがいを重視する意見が多く、仕事が自分の自信の裏づけになっている。仕事は他人との共同作業の最たるものであるからかもしれないが、何事も自己満足では終わらせたくないこのグループにとって、他人に評価されることが絶対条件になっている。「クライアントから指名を受けると、嬉しいし身の引き締まる思い。これからも人と接することで自信を積み上げていきたい」（40代前半）と他人からの評価が仕事の達成感につながるとともに原動力にもなっている。

もちろん、評価されるための努力も惜しまないし、妥協もしないのが、『成果追求ウーマン』だ。「子供の頃から、自分で決めたことは必ず実行してきた。自分で決めたことを実行できないのはダメだと思う」（30代前半）と、自分に対する厳しさを強く持っている。一方で、「自然体と聞くと〝今が良ければそれでいい〟という感じで、努力のない状態に思える」「普通が一番と思える人は、よっぽど苦労人だと思う。でなければ、そう思える人は一番楽。そんな人生は歩みたくない」（30代前半）と、積極性に欠ける人や受身タイプは人種が違うといった厳しい反応を示す。他のグループから見れば息が詰まるほどのストイックさだが、すべては目標達成・高い評価を得るための手段に他ならない。

■個≧仲間＞社会
■家族は戦友
■自分は自分、人は刺激剤
■他人からの評価重視
■知識として把握する社会

生活者コメント

・「目標は社会福祉士の資格試験に合格すること。次はもっと専門的な介護福祉士に挑戦し、ゆくゆくはケアマネージャーになりたい」（30代前半）
・「娘は自分の遺伝子を分けた分身であり、鏡であり、人形のような存在であり、もっとも愛おしいもの。しかし、最近は、なんだかまったくの別人と感じることもあって、複雑で面白い。14歳になって、くだらない話や真剣な話もできるようになり、これからどんな人間になるのか楽しみ」（40代前半）

人との関係

自己確認のため他人からの評価が必要

社会現象とは、常に自分に影響のあるものとしてとらえている。そのため、「知らないことがあることは許せない」（30代前半）という姿勢だ。また、〝個〟としての自分を強く持っているが、何事においても自己確認のための他人の目（＝評価）が必要であるため、大きな意味での社会への関心もあるが、評価者になりうる身近な社会に対する意識の方が高い。

たとえ結婚したとしても、妻・母という役割に固まることなく、シングル時代と同様しっかり自分を持っている。対人関係においても〝自分は自分、他人は他人〟という揺るぎない自分軸を持ち、〝自分＞母＝妻〟というスタンスをキープしている。

家計が厳しい状況になっても「一番大切な時期を受験で中断させたくない」（40代前半）と、娘を中高大学一貫教育の私立に入学させるなど、自分の経験から子供の人生のガイドを積極的に務めている。子供に対して母という立場だけでなく、人生の先輩のような〝個人〟としての役割も果たしているのだ。どんな形であれ、一生社会というステージで現役でありたい人たちだけに、刺激剤となるあらゆる人間関係を重要視していると言える。

■中長期的視点
■自分研鑽、キャリアアップ、"損" 防止策
■内面・外面磨き、ストレス解消
■関心領域は知識・趣味の延長戦
■自分磨き

生活者コメント

・「若い人と接すると、いつも新しい発見があって刺激を受ける。年上の人からは教訓は得られるが刺激は受けない。いつまでも努力して、精神的にも肉体的にも若さを維持したい」（40代前半）
・「英語のスクールに通わせるより、ホストファミリーになって英語を話す人を身近に感じさせてあげることの方が大切だと考えている。自分にとっても未知の文化とのふれあいは楽しい」（30代前半）

関心事

関心事は芋づる式、結果を求めるためのガイドライン

たとえ今は単なる趣味であったとしても、いずれは自分のモノにしたいと思っているため、こだわりを持って趣味を深めることに注力している。〝新しい情報を次々に得て、広く浅くモノを知る〟ような『つまみ食いミーハー女子』の行いなどには、「ないものねだりのようで好きで

はない」（40代前半）と反応する。特にプレバブル世代では、20代の〝広く浅く〟という時期を経て、今は深く掘り下げる方向に移行している人も多い。

また、『成果追求ウーマン』にとって内面・外面磨きに欠かせないのが知識・趣味である。無駄嫌いゆえすべては結果に直結、一方向を向いていることが多く、それらを積み重ねることによって、自分の肥やしにしている。関心事もただのお楽しみレベルではない。「社会福祉士の動向に関すること」（40代前半）や「仕事の中で起こることすべて」（30代前半）などどちらかと言えばオンタイムに役立ちそうなモノ・コトに関心がある。また、政治経済などにも関心が高く「自分に関わる意識を持って最低限把握していたい。知らないと損をしかねないから」（30代前半）と、知識や情報は、転ばぬ先の杖として損することから自分を守るものにもなっている。

■自分基準
■能動的掘り下げ情報
■価格以上の納得感
■損得勘定、無駄嫌い

生活者コメント

・「社会のことはできるだけ把握していたい。新聞を読んだ時にすべて分かる状態が理想。自分たちの生活に関係していることもあるが、世の中の仕組みや流れは社会の一員として知っておいた方が良い」(30代前半)
・「ダンスは技術の積み重ね。始めた頃は単なるエクサイズという意識もあったが、最近は表現手段としての楽しさに気付いた。2年に一度発表の場があり、舞台に立つことによって、メイク、ファッション、音楽……と興味の範囲が新しい分野へと広がっている」(40代前半)

消費目的・傾向と判断基準

必要性・有益性を考慮した積極消費

モノに対する執着心は薄いが、消費には積極的。ただ、『つまみ食いミーハー女子』のような衝動的な消費ではなく、自分にとっての必要性・有益性を考慮した計画性のある消費をしている。プレバブル世代では、〝色々やりたいから無駄を省きたい〟という意識があり、一方ポストバブル世代は、元来無駄嫌いという特性を持っており「不要なものはどんなに安くても無駄。将来のために必要なものなら金額は気にしない」（30代前半）としている。

周囲に流されないこだわり消費

「流行り物は安く済ませ、上着やジーンズは吟味して、気に入れば高くても買う。ファミリーセールで『モンクレー』のダウンを買ったが、高いだけのことはある」（30代前半）と、メリハリかつこだわりのある消費をしている。

また、消費行動では、「世間の評価より自分らしさにこだわって買う」、「よく知らないメーカーやブランドでも気にしない」、「周囲の人が持っているものとは違うものが欲しい」などの項目への回答数が他グループと比べると断トツで高く、消費に対してこだわりだけでなく個性も感じられる。

情報は駆使しても、最終判断は自分の選択眼

情報収集力が高く、インターネットやテレビ、新聞、雑誌などを幅広くチェックしているのが『成果追求ウーマン』の特徴だ。友人や店員からの情報にも耳を傾けるが、あくまでも参考程度。

一見、〝おいしい〟と思われる情報でもすぐには飛びつかず、自分の経験や感性によって判断している。『成果追求ウーマン』の洗練された目で選ばれた商品は、〝センスの良い〟〝間違いない〟モノとして、他グループに影響を及ぼしていることも考えられる。

ファッションは好感度より自分のこだわり

人からの目＝「評価」を強く意識しているがそれはあくまでも内面スキル。外見で好感度を得ようなどとはまったく考えていない。それよりも、ファッションは自分らしさや個性を表現する手段として考えている。お金をかけるかけないにしても、トレンドに対する意識の置き方が自分基準で判断されているため個人差の激しい分野になっている。

食も合理的に考える

食はコミュニケーションの場でもあり、合理的に考えるべき分野にもなっている。日々の食生活においても充実を図るため、インターネットやテレビなどから情報を積極的に収集している反面、「ゆっくりと美味しいものを食べられるのがベスト。中途半端な味・値段のファミレスは無駄。でも、時間短縮のためのマックはあり」（40代前半）と判断。食においてもメリハリ意識を発揮している。

リラックス空間で自分の好きなものに囲まれたい

目標達成に向け常に頑張る人たちゆえ、家ではそのパワーを充電する時間を過ごす。そのための環境作りにも積極的で、「室内の照明や香りにこだわっている」という演出面での工夫や、「インテリアはテイストに関係なく自分の好きなものを取り入れる」など、自分基準で効率よくリラックスできる空間作りを目指している。

生活者コメント

・「自分が美容師という接客業で常に気を張っているため、女性ひとりでも気兼ねなく自分のペースで飲める駅前の居酒屋はリラックスするため独身時代から通う貴重な存在だ。」（30代前半）

・「娘が寝静まったひとりの時間に、美顔スチーマーでお手入れをしている。マッサージクリームをつけて、パックをして化粧水をつけて……。このステップが、自分を愛する心を生み、やすらぐ時間になっている」（30代前半）

・「買い物に関する情報収集は、インターネットを使う。広告などを見て、気になったこともネットで調べている。家電製品は、まず〝価格.com〟でチェックしてからヤマダ電機に行く。安くて良いものと判断できたらメーカーは気にせず購入している」（40代前半）

消費する5つの顔の女たち

同じ商品であっても、価値観モノサシによって感じる魅力は異なる

アピールポイントの多彩さが有効な時代

５つのクラスターが持つそれぞれの生活価値観によって、消費の判断基準が異なることは前述した通りだ。ここでは、具体的に企業取材を通して見えてくるクラスター別の消費に対する価値観の違いについて触れておきたい。

２００５年、２００６年、２００７年に発売されたKDDIのケータイ「Sweets」シリーズや、２００６年に大ブレークしたＳＥＧＡの「オ

2005年発売 「Sweets」

シャレ魔女 ラブ and ベリー」は、母娘消費を狙った商品である。母娘消費に関しては、ずいぶん前から言われていることではあるが、最近は単に同じものを共有するといったことから、モノ・コトが母娘のコミュニケーションツールになってきているのが特徴で、それが消費に大きな影響を与えている。

娘にとって母親が反面教師になる場合も少なくないが、最近の母娘は同じ価値観を共有している場合が多い。特に、団塊世代以降は〝友達親子〟と言われるように親子関係も仲良し傾向にある。社会問題になるほど子供を理解する寛容な親が増加したこともあり、親に反抗心を持たずに成長する子供も多く、その場合は母親の価値観も素直に受け入れると思われる。

「Sweets」の初期号は、小学校高学年～中学1、2年生を中心にヒアリング。彼女たちのファッションに沿った「みずみずしい」「かわいい」デザインの携帯電話を打ち出した。また、「みんなと一緒は嫌だ」というこだわりを尊重しながらも大人になりかけた年代に向けて大人のケータイのスタンダードであった折り畳み式を採用。色はファッション好きな子が率先して選んでくれそうなピンクやオレンジを提案した。内在キャラクターには亜土ちゃんを使い、母にとっては懐かしい、子供にとっては新しくてかわいいキャラクターになった。

これらの仕掛けに乗りやすいのは、それが子供のものであったとしても自分も一緒に楽しみたいと思っている『つまみ食いミーハー女子』と、家族で楽しめること、周囲との話題性を重んじる『ちゃっかり八方美人』だ。

通過型の商品であり、トレンド感である「かわいい」に通じるものをデザインで表現するにはどうすれば良いかに主眼を置いた結果、ローティーンに向けてのデザインにする必要はないという結論に至ったという「Sweets」だが、実購入層は、当初の想定ターゲット層だけでなく、30代・40代といった購買層も多くの割合を占めた。今は同じセンスを共有していく家族が増えていると言われている。家族という一番身近なコミュニティでの共通価値観が消費の判断基準として作用している。それがこの「Sweets」に飛びついた母娘に象徴されているのかもしれない。

また、この「Sweets」を宣伝するにあたって、生活系雑誌では子供に持たせるケータイとして、セーフモードや防犯ブザーなどの〝機能面〟をアピールし、ファッション系の雑誌では、母娘で持てるケータイとして〝デザイン面〟をアピールしたという。ここで、〝機能面〟に惹

ラブとベリー ©SEGA

かれて購入したのが、子供への「安心・安全」を重んじる『ほどほど良妻賢母』。「新しさ」に惹かれる『つまみ食いミーハー女子』やフォロワー層である『ちゃっかり八方美人』は、流行として「注目・話題」となっている状況に惹かれて購入したと思われる。同じ商品であっても各クラスターが惹かれるポイントは違う。広告を掲載した雑誌の性格に合わせて、商品のアピール面を変えて訴求したことで、異なる価値観を持った生活者をうまく取り込むことに成功したと言えるだろう。

一方、セガの「オシャレ魔女 ラブ and ベリー」に関して言えば、母娘が一緒に楽しめるゲームの開発が前提にあった。そこで母娘に共通なキーワードを「おしゃれ」と位置づけたという。ゲームキャラクターをひとつに絞らず、かわいくてキュートなラブと、かっこよくてクールなベリーを登場させたのも、価値観の多様化に即した企画になっている。子供の領域であったとしても自分も同じように楽しみたいという親が増えている現在では、家族で遊べるゲームを訴求するという切り口は非常に有効である。特に、アミューズメント事業においてコミュニケーションの要素は欠かせないものになっている。親が子供に遊ばせたいゲームを目指すためには、「身だしなみ意識」「おしゃれにはTPOが必要」

ゲーム台 ©SEGA

といった要素をゲームを通して学べる仕組みをつくることが重要なポイントになったという。

アミューズメント市場においても、キッズを主役に考えつつ親世代を含めた二層世代をターゲットにすることが有効になっている。購入に至る後押しは、親も納得＋楽しめることだったりする。特に、ゲームは教育の一環と考える親が増えており、遊び方を見ると親の教育方針がわかる。団塊ジュニア世代より下世代にとってのゲームは、まるでご飯を食べるのと同じように生活の一部に組み込まれている。ゲームは暇つぶしであり、レジャーであり、学ぶ場でもあるのだ。上世代の学びの手法がアナログ主体であったのに対し、今はほとんどデジタルゲームに置き換わっていると言っても過言ではなさそうだ。ゲームは、コミュニケーションが難しくなったと言われる時代に、親子で共有できる価値を提供するという重要な役割を果たしているのである。

このゲームを積極的に行いながら飽きも早かったのが『つまみ食いミーハー女子』であり、話題になっていることがきっかけで始め、はまっていったのが『ちゃっかり八方美人』と言えそうだ。子供にせがまれ、周囲の皆がやっていることを確認し「悪くはない」と納得できた時点で入っていったのが『ほどほど良妻賢母』、自分の目で見て判断したのが

『成果追求ウーマン』と『自然体良識人』なのだろう。

同じ商品であってもその魅力の感じ方・とらえ方は、新商品であること、話題性があること、自分が有効活用できること、素材が安心・安全であること、大半の人が持ち始めていることなど、重視したい価値によってそれぞれ異なる。

プレバブル世代が消費の自由裁量期を謳歌していた一億総中流時代は、隣が持つものを買う横並び意識が強かったため、「新しい」といったキーワードだけでも充分魅力になり、大量消費を促すことができた。しかし、これだけモノが溢れかえっている現在の市場においては、よほど画期的な商品でない限り一方向の訴求だけで爆発的に売れるということはありえない。価値観多様化時代に市場の適正規模の判断はなかなかしづらいが、このご時世に適応し、「この価値に共感してくれる人にだけ買ってもらえればそれで良い」という意思を持つ企業も見受けられるようになってきた。しかし、その商品の魅力となるフックが多ければ多いほど、価値観の違う生活者が注目するわけで、結果が小規模に留まらない可能性が出てくることは言うまでもない。つまり、同じ商品であっても訴求ポイントを変えてそれぞれのクラスターにアプローチをしていくことが、異なる価値観の生活者へのマーケティングとして有効に働くと言えるだろう。

おわりに

生活者分析を生業として約15年が経つが、「生活者は面白い!」と感じる気持ちは衰えることがない。かく言う私も生活者のひとり。誰もが素人な面と玄人な面を持ち合わせているものだ。

同じ商品であっても、斬新な広告のインパクトにつられてつい買ってしまう人もいれば、小さな文字で書かれたサブコピーの一言が心に響きインターネットで探してでも求める人もいる。つまり、同じモノでもその目線は人それぞれ。同じモノを手にとっていたとしても反応しているポイントは生活者によって異なる可能性が高い。

だからこそ、企業としてはどの生活者に焦点を絞るのか、明確なターゲット設定が必要になる。「こんな人も、あんな人も取り込みたい」などと思っていると、誰にも振り返ってもらえないビジネスになりかねないのである。

伊藤忠ファッションシステム株式会社では、ファッション視点（服という狭義のファッションではなく、生活者の気分を一番あらわしやすいモノ、つまりは時代のムードといった広義のファッションを指す）を軸に、企業の戦略立案や商品企画、販促のコンサルティング業務を行っている。クライアント業種も多岐にわたり、ファッション業界以上に、自動車や家電、ケータイ、化粧品、生活用品、車、住宅といった異業種との取り組みが多くなっている。特に、弊社がベースとして持っているファッション視点に今後のマーケットを掴む可能性を感じての依頼が多い。従来型のデータ分析では解が見えにくくなってきていることも大きいようだ。外資系企業からも〝ユニークな視点〟と受け取られている。

また、２００４年からは「生活者の気分」に注目し、新たな調査を行ってきた。

きっかけは、目的消費よりも気分消費が増えたこと。生活するために足りないものなどほとんどない今の生活者にとっては、「○○が欲しい」といった明確な理由よりも、「なんだか和むから」とか「見ているだけで楽しいから」といった〝気分〟が消費の引き金になっているのである。今後のマーケット分析では、時代感、年代的視点、世代的視点やクラスター的視点に加え、この「生活者の気分」がもうひとつの視点になればと考えている。

〝気分〟の調査から見えてくるのは、経済的な満足が感じにくい今の時代、他人と比べることなく、自分の幸せを感じさせてくれるものが必要になっているということ。自分を肯定しさまざまなストレスから開放してくれるモノ・コトに人の関心は向かっているということ。

モノ作りにおいて生活者を無視するわけにはいかないが、それだけを追っていても新しいモノは生まれてこない。生活者は、プロから得られる刺激を生活に取り込んでいきたいと常に思っているのである。

本書は、これまでの仕事の中で蓄積してきた情報を整理し直したものである。

執筆にあたって、インタビューに協力していただいた方々をはじめ、サポートしてくれたスタッフに心からお礼を言いたい。

また、情報をまとめるにあたり長い時間を有してしまったにも関わらず、根気強く支えてくださった弘文堂の加藤聖子さんの力なくば、この一冊の本が世に出ることはなかった。編集者のプロに出会えたことが何よりも財産になったと感じている。記して感謝しておきたい。

〔著者紹介〕

小原直花（おはら　なおか）

伊藤忠ファッションシステム株式会社　ナレッジプランニング室　情報フォーラムチーム。1965年、東京都生まれ。東京都立立川短期大学家政学部卒業。ニットメーカー、ファッション企画会社を経て、1992年より伊藤忠ファッションシステム株式会社にて、世代や生活価値観クラスター、生活者の気分など、生活者の切り口にフォーカスして調査分析を行う。異業種交流会「FA（Fashion　Aspect）Club」で発行するレポート誌や、フォーラムの企画・運営に携わる。また2006年より〝旬〟のマーケット動向をファッション視点で分析する「Marketing eye」の編集責任者をつとめる。毎日新聞やファッション販売などに生活者のライフスタイルや消費傾向をテーマに寄稿。著書に『おしゃれ消費トレンド』（共著、ＰＨＰ研究所）、『平成ニューファミリー消費論』（共著、ダイヤモンド社）、『ジャパニーズ・デザイナー』（共著、ダイヤモンド社）がある。

http://www.ifs.co.jp
http://www.marketingeye.jp

婦国論 ――消費の国の女たち――

平成20年４月15日　初版１刷発行

著　者　小原　直花
発行者　鯉渕　友南
発行所　株式会社　弘文堂　101-0062 東京都千代田区神田駿河台１の７
TEL 03(3294)4801　振替 00120-6-53909
http://www.koubundou.co.jp

ブックデザイン　寄藤文平・鈴木千佳子
印　刷　図書印刷
製　本　井上製本所

ISBN978-4-335-45037-2